AF192337

Georg Sigrist

Erlebnis Sepsis

und mein Weg mit den Langzeitfolgen

Bibliografische Information der Deutschen Nationalbibliothek: Die Deutsche Nationalbibliothek verzeichnet diese Publikation in der Deutschen Nationalbibliografie; detaillierte bibliografische Daten sind im Internet über dnb.dnb.de abrufbar.

Die automatisierte Analyse des Werkes, um daraus Informationen insbesondere über Muster, Trends und Korrelationen gemäß §44b UrhG („Text und Data Mining") zu gewinnen, ist untersagt.

Verlag: BoD · Books on Demand GmbH,
Überseering 33, 22297 Hamburg, bod@bod.de
Druck: Libri Plureos GmbH,
Friedensallee 273, 22763 Hamburg

ISBN: 978-3-7693-7880-1

Abstract

Nach einer kurzen Erläuterung zur Sepsis, einer lebensbedrohlichen Blutvergiftung, schildert der Autor seine persönlichen Erfahrungen mit dieser Erkrankung sowie die Strategien zur Bewältigung der daraus resultierenden Langzeitfolgen. Eine anfänglich unscheinbare Grippe wurde erst in einem fortgeschrittenen Stadium als Sepsis erkannt, was dem Ärzteteam im Spital die herausfordernde Aufgabe überliess, eine Eskalation zur Behandlung auf der Intensivstation zu vermeiden. Ohne jegliches Vorwissen über die Krankheit überfiel sie den Autor mit einer völlig unbekannten Realität.

Nach der Entlassung aus dem Spital wollte er alles möglichst bald ad acta legen. Allerdings plagten ihn überempfindliche Emotionen wie Angst, Weinen, Heimweh, Schlaflosigkeit und Schmerzen. Zudem liess ihn ein aussergewöhnlicher Traum im Spital, den Fachleute als eine mögliche Nahtoderfahrung deuteten, nicht in Ruhe.

Zwei Jahre später kam es zu einer plötzlichen Eskalation der Gefühle aufgrund eines erneuten Vorfalls. Der Autor konnte nicht ahnen, dass sie trotz der grossen Zeitspanne mit seiner Sepsis in Verbindung stehen könnte. Ihre Störungen beeinträchtigten seine täglichen Aktivitäten so sehr, dass er gezwungen war, psychologische Unterstützung zu suchen.

Im Rahmen der Therapie wurde eine Möglichkeit in Betracht gezogen, potenzielle Gründe für die sensiblen emotionalen Konsequenzen in seiner Vergangenheit zu ergründen. In lockerer Weise und mit einer Prise Humor erzählt der Autor Episoden aus seinem Leben, die zur Aufklärung der unerklärlichen Erfahrungen hätten beitragen könnten.

Ein grosses Kapitel behandelt die für den Autor wichtige therapeutische Bedeutung der Musik. Die vielseitige Arbeit im obersten Kader der Firma forderte seinen ganzen Einsatz und strapazierte seine Gesundheit. Statt ein Burnout zu nehmen, erwarb er sich ein Saxophon und beschloss, im fortgeschrittenen Alter, autodidaktisch das Spielen zu erlernen.

Die eigenständigen kurzen Geschichten gleichen Schnappschüssen, die Einblicke in das Leben des Autors gewähren. Die Texte stellen keinen chronologischen Lebenslauf dar, sondern veranschaulichen spezifische Aspekte der Psychotherapie.

Es war unvermeidbar, dass er auch seinen merkwürdigen Traum verarbeiten wollte, der ihn seit dem Spitalaufenthalt präsent verfolgte. Dazu recherchierte er während mehrerer Monate intensiv über das für ihn bis dahin unbekannte Thema "Nahtoderfahrungen" und "Erfahrungen nahe am Tod". Dabei stiess er auf unzählige Berichte aus der ganzen Welt. Medizinische oder psychologische Studien, die den Sachverhalt wissenschaftlich erklären, stehen oft im Gegensatz zu vielen Meinungen der Betroffenen. In einer persönlichen und ungezwungenen Art bemüht sich der Autor, das Thema anzugehen. Indem er sein Erlebnis in den Mittelpunkt stellt, überprüft er sowohl die eine als auch die andere Ansicht, um seine eigene Unwissenheit auf kritische und vorurteilsfreie Weise zu klären. Dabei gewinnt er neue Perspektiven über das Sterben und Nicht-Sterben, über Zeit und Ewigkeit, über Gott und ewiges Leben.

Der Autor reflektiert seine Erfahrungen und verdeutlicht, wie Hoffnung, Ausdauer und eine positive Einstellung stets zu positiven Ergebnissen führen.

Inhalt

Prolog

Was ist Sepsis?

Umgangssprachlich wird eine Sepsis oft auch als Blutvergiftung bezeichnet. Der Begriff ist allerdings veraltet und gemäss moderner medizinischer Definition nicht korrekt. Auf der Website des Universitäts Spital Zürich[1] wird über Sepsis folgendes informiert:

> *Nach der aktuellen medizinischen Definition ist die Sepsis eine lebensbedrohliche Organdysfunktion, hervorgerufen durch eine Infektion mit daraus folgender Entzündungsreaktion des Körpers.*

> *Greifen Bakterien, Pilze oder Viren den Körper an, wird die körpereigene Abwehr aktiv und reagiert darauf mit einer Entzündung wie etwa bei einer Lungenentzündung. Der Körper bekämpft normalerweise die Krankheitserreger, bevor sie den gesamten Organismus bedrohen. Zu einer Sepsis kommt es, wenn das Abwehrsystem diese Aufgaben nicht mehr richtig erfüllen kann. In der Folge werden die Erreger nicht bekämpft, sondern überwinden die lokalen Abwehrmechanismen und breiten sich über die Blutbahn im gesamten Körper aus. Darauf überreagiert das Immunsystem mit einer Entzündung im ganzen Körper und greift Zellen der eigenen Organe an. Dies kann zu einer lebensbedrohlichen Organdysfunktion führen.*

---

[1] USZ Universitäts Spital Zürich:
https://www.usz.ch/krankheit/sepsis/

i

Grundsätzlich kann sich jede Infektion zu einer Sepsis entwickeln. Die häufigsten Ursachen sind:

- *Lungenentzündungen,*
- *Harnwegsinfekte,*
- *Entzündungen im Bauchraum,*
- *Wundinfektionen und*
- *Hirnhautentzündungen.*

Besonders gefährdet sind Menschen, die durch eine Erkrankung bereits ein geschwächtes Immunsystem haben. Hierzu zählen:

- *Krebsbetroffene mit einer Chemotherapie,*
- *Patientinnen und Patienten mit einer immunhemmenden Therapie,*
- *Seniorinnen und Senioren,*
- *Diabetikerinnen und Diabetiker,*
- *chronisch Nieren- und Leberkranke,*
- *Alkohol- und Drogenabhängige.*

Nach einem Spitalaufenthalt werden Sepsisüberlebende häufig ohne weitere ausreichende Unterstützung sich selbst überlassen. Erst in jüngster Zeit wurden die Langzeitfolgen der Krankheit erkannt und sind Gegenstand intensiver wissenschaftlicher Untersuchungen. Ein zusätzliches Problem besteht darin, dass diese Symptome oft erst nach einer Zeitspanne von Monaten oder sogar Jahren auftreten, ausgelöst durch ein nachfolgendes Ereignis oder Erlebnis, das scheinbar keine Verbindung zur vorherigen Sepsis aufweist. Auf der Website der

Universitätsklinik Jena[2] befindet sich folgende Information:

> *Durch die Schwere der Erkrankung und die oft notwendige Behandlung auf einer Intensivstation mit Koma, Beatmung oder Nierenersatzverfahren (Dialyse) treten bei Patienten nach überstandener Sepsis häufig Folgen auf, die für die Betroffenen eine grosse Herausforderung sein können. Schlaflosigkeit, Depression, Albträume oder Angstzustände sind Beispiele für psychische Folgen, von denen Patienten nach einer Sepsis berichten.*

> *Auch Konzentrations- und Gedächtnisstörungen können auftreten. Daneben kann es zu Muskelschwäche, chronischen Schmerzen und Missempfinden in Händen und Füssen kommen. Für manche Patienten ist es deshalb schwer, nach der Sepsis wieder komplett in den Beruf oder ihr früheres Umfeld zurückzukehren. Rehabilitationsmassnahmen wie Physiotherapie, Ergotherapie oder Psychotherapie können helfen, diese Folgen zu lindern.*

Die Sepsis ist global gesehen ein bedeutendes Gesundheitsproblem, da sie jährlich etwa 49 Millionen Krankheitsfälle und 11 Millionen Todesfälle verursacht. In ihrer Resolution zur Sepsis aus dem Jahr 2017 hat die Weltgesundheitsorganisation den Mitgliedsländern empfohlen, konkrete Aktionspläne zur Bekämpfung der Sepsis zu entwickeln und umzusetzen. Verschiedene Nationen haben bereits solche Vorhaben realisiert und dabei bemerkenswerte Erfolge erzielt.

---

[2] Universitäts Klinikum Jena, Mitteldeutsche Sepsis Kohorte: https://www.uniklinikum-jena.de/msc/Sepsis/Folgeerkrankungen.html

Sepsis Stiftung

Tagtäglich verlieren Tausende von Menschen weltweit ihr Leben infolge einer Sepsis. Es wird geschätzt, dass in Deutschland jährlich eine halbe Million Personen erkranken. Von den Überlebenden leiden etwa drei Viertel an Langzeitfolgen, die ihr Leben nachhaltig verändern.

Daher wurde im Jahr 2012 die Sepsis Stiftung[3] mit Sitz in Jena gegründet.

> *Die Stiftung möchte durch Aufklärung und Forschungsförderung zur frühzeitigen Diagnose und Behandlung, zur Prävention sowie zur Minderung der Folgeschäden einer Sepsis beitragen.*

Seit ihrer Gründung hat die Sepsis Stiftung durch eine Vielzahl von Initiativen massgeblich dazu beigetragen, die häufig unterschätzte Problematik der Sepsis sowohl national als auch international verstärkt in den Mittelpunkt zu rücken. Die globale Sensibilisierung für Sepsis hat signifikant zugenommen, und es wurden bedeutende Fortschritte im Kampf gegen diese Erkrankung erzielt. Dennoch ist es in nur wenigen Ländern gelungen, Sepsis als eine vorrangige Angelegenheit für ihr Gesundheitssystem zu etablieren. Im Jahr 2024 veranstaltete die Sepsis Stiftung in Berlin eine weitere Initiative, um Akteure und Entscheidungsträger aus dem Gesundheitswesen, der Wirtschaft und der Politik stärker zu mobilisieren: Der Welt-Sepsis-Tag unter dem Motto "Sepsis geht uns alle an".[4]

---

[3] Sepsis Stiftung:
https://sepsis-stiftung.de/ueber-uns/

[4] Welt-Sepsis-Tag 2024:
https://weltsepsistag2024.de

Nationaler Aktionsplan gegen Sepsis

In der Schweiz treten jedes Jahr etwa 20 000 Fälle von Sepsis auf und 3500 Personen davon sterben. Obgleich die Sepsis eine der am häufigsten auftretenden Todesursachen darstellt, wird sie in vielen Fällen erst in einem fortgeschrittenen Stadium diagnostiziert oder bleibt gänzlich unerkannt. Zusätzlich haben viele Überlebende mit langfristigen Auswirkungen zu kämpfen, die überhaupt nicht publik werden. Die frühzeitige Erkennung von Sepsis könnte in der Schweiz potenziell dazu beitragen, das Leben mehrerer Hundert Personen zu retten. Oft fehlt das Bewusstsein über die Krankheit sowohl in der medizinischen Fachwelt als auch in der Bevölkerung. Zur Umsetzung der Resolution der Weltgesundheitsorganisation wurde 2022 von einer Expertengruppe der "Schweizerische Nationale Aktionsplan gegen Sepsis"[5] veröffentlicht. Die Experten haben darin verschiedene zentrale Anliegen formuliert, wie:

- Sensibilisierung der Bevölkerung,
- bessere Ausbildung des Gesundheitspersonals,
- einheitliche Diagnose- und Behandlungsstandards,
- mehr Forschung.

Ziel des Aktionsplans ist es nicht nur Menschenleben zu retten, sondern auch Kosten im Gesundheitswesen zu senken.

---

[5] Schweizerischer Nationaler Aktionsplan gegen Sepsis September 2022:
https://www.sgi-ssmi.ch/files/Dateiverwaltung/de/news/2022/0092410-Broschure-A4-Swiss-Sepsis-Action-Plan-D.pdf

Was will das Buch?

Vor einigen Jahren erlebte ich eine Sepsis und dachte zunächst, es sei eine schwere Grippe. Sogar der Hausarzt erkannte die alarmierenden Anzeichen aufgrund der generellen Unkenntnis über diese Erkrankung zu spät. Erst das Ärzteteam im Spital diagnostizierte nach sorgfältiger Untersuchung die akute Gefahr. Durch die unverzüglich eingeleitete adäquate Therapie und die fortlaufende Überwachung wurde ein Organversagen abgewendet, wodurch eine Verlegung auf die Intensivstation vermieden werden konnte.

Nach meiner Genesung verfolgten mich unangenehme psychische Probleme, die infolge eines zweiten Erlebnisses zwei Jahre später plötzlich so stark eskalierten, dass ich psychotherapeutische Hilfe in Anspruch nehmen musste.

Mein erstes Buch mit dem Titel "Komm zurück!" habe ich unter dem Einfluss der noch frischen Erinnerung an diese eben skizzierten Ereignisse sehr emotional geschrieben. Mein Ziel war es, durch die Aufarbeitung der Ereignisse die unerwünschten Konsequenzen möglichst rasch zu bewältigen. Aufgrund unzureichender Kenntnisse über Sepsis und deren möglichen Folgen, stand aber nicht diese Krankheit als Ursache meiner psychischen Probleme im Vordergrund. Vielmehr lag der Fokus auf den möglichen Auswirkungen eines kurzen, sonderbaren Traums im Spital, den Fachleute als eine denkbare Nahtoderfahrung deuteten. Von Betroffenen werden solche Erfahrungen oft als übernatürliches oder sogar transzendentes Erlebnis beschrieben. Dies hätte eventuell als Auslöser von lange unterdrückten Emotionen sein können.

Erst durch die Veröffentlichung des Artikels mit dem Titel

"Ich bin dankbar, noch Musik machen zu können"

in der Zeitschrift "Schweizer Familie" 26/2023, der mein Erlebnis thematisierte, wurde ich auf die Problematik im Kontext mit Sepsis aufmerksam. Die kurze Zusammenfassung des Artikels lautete:

> *Wie aus dem Nichts erlitt Georg Sigrist eine Blutvergiftung. Er überlebte nur knapp. Die Folgen der Krankheit beschäftigen ihn bis heute. Seine Geschichte ist kein Einzelfall. Darum wollen Fachleute schweizweit besser über Sepsis aufklären.*

Das Wissen über diese Krankheit ist trotz der grossen Verbreitung und des lebensbedrohlichen Verlaufs sowohl in der Bevölkerung als auch in der Sozialmedizin nur begrenzt bekannt. Im Zuge meiner Untersuchungen zu Sepsis und Nahtoderfahrungen ist nun ein überarbeitetes Buch mit neuem Titel entstanden, das weit über meine ursprünglich private therapeutische Absicht hinaus geht. Die Erlebnisse sind die gleichen geblieben, doch meine Sicht und das Verständnis hat sich mit dem zeitlichen Abstand verändert und ist realer geworden. Wie ich im Titel des ersten Buchs aufgefordert wurde, bin ich zwar wieder zurück gekommen, doch der lange Weg aus den Langzeitfolgen ist beschwerlich.

Das Buch enthält zahlreiche kurze Erzählungen aus meinem Leben, welche nicht nur Erlebnisberichte mit persönlichen Gedanken und auflockernden Bemerkungen sind. Sie sollen den Leser oder die Leserin dazu motivieren, meine Ergebnisse auf ihre eigenen Erlebnisse zu adaptieren und einen Anstoss geben, vergleichbare Begebenheiten und

scheinbar ausweglose Situationen eigenverant-
wortlich zu meistern. Ich habe selber erfahren, wie
sich der Gesundheitszustand von Tag zu Tag, sogar von Stunde zu Stunde, dramatisch verändern
kann, wenn wegen der allgemein ungenügenden
Kenntnis über die Krankheit nicht rechtzeitig eine
geeignete Behandlung erfolg. Auch die Problematik von Spätfolgen nach dem Spitalaustritt war zu
wenig bekannt. Erst die sehr belastenden Befind-
lichkeitsstörungen, die mein tägliches Leben beeinträchtigten, zwangen mich etwas dagegen zu unternehmen und die Therapien selber zu organisieren.

Daher beabsichtige ich, neben meiner persönlichen Aufarbeitung, durch die Veröffentlichung des
überarbeiteten Buches:

- einen bescheidenen Beitrag dazu zu leisten, die
  Wichtigkeit der Früherkennung und adäquaten
  Behandlung sowohl in der medizinischen Fachwelt als auch in der Bevölkerung bewusster zu
  machen
- darzustellen, dass nicht erst bei Einlieferung auf
  die Intensivstation höchste Gefahrenstufe besteht, sondern dass bereits bei Verdacht auf eine Sepsis jede Minute zählt.
- auf die Wichtigkeit und Notwendigkeit einer
  nachfolgenden Betreuung hinsichtlich der Langzeitfolgen hinzuweisen und den Vorurteilen gegenüber einer zusätzlichen psychologischen
  Therapie entgegenzuwirken
- aufzuzeigen, dass Langzeitfolgen auch unabhängig von einen Aufenthalt auf der Intensivstation auftreten können
- darauf hinzuweisen, dass Erfahrungen nahe am
  Tod auch ohne theatralisches Erlebnis tiefgrei-
  fende Auswirkungen haben können.

x

1. Krankheit

Grippe

Rita geht jeden Mittwoch in die Kirchenchorprobe. Vor ihrer Abfahrt teilte ich ihr mit, dass ich mich unwohl fühle und erschöpft bin. Vielleicht bin ich schon im Bett, wenn sie wieder nach Hause kommt. Kurz darauf fühlte ich mich unwohl und musste mich übergeben. Ich legte für Rita einen Zettel auf die Treppe:

"Mir ist übel. Ich bin schon im Bett."

Lange konnte ich aber nicht im Bett bleiben, denn bald wurde es mir wieder übel. Ich beugte mich über die Toilette im Badezimmer. Es gelang mir aber trotz ständigem grossen Brechreiz nicht zu erbrechen. Ich wurde langsam müde und wollte mich auf einen Schemel setzen, den unsere Grosskinder am Lavabo benutzten. Diesen habe ich verfehlt, plumpste unsanft auf den Boden und kippte auf den Rücken.

"Oh, was ist denn da los", dachte ich. "Ich werde ja richtig krank."

Ich wollte wieder aufsitzen, was mir aber nicht gelang. So versuchte ich mich auf die Seite zu legen, mit den Armen abzustützen oder am Badewannenrand hochzuziehen. Nichts ging. Ich hatte plötzlich keine Kraft mehr. Dabei glitt ein Badetuch vom Badewannenrand herunter. Das wurschtelte ich unter meinen Kopf, blieb auf dem Boden liegen und ruhte mich aus. Zumindest hat sich der starke Würgereiz gelegt.

Scheinbar war mein Wahrnehmungsvermögen etwas gestört. Unter normalen Umständen hätte mich das sofort beunruhigt und aufgeschreckt. So etwas habe ich noch nie erlebt! Aber ich dachte nur:

"Das wird nicht so schlimm sein und geht sicher bald wieder vorbei."

So bald ging das aber nicht vorbei. Immer wieder versuchte ich aufzusitzen.

"Ich darf nicht liegen bleiben, denn wenn mich Rita hier findet, bietet sie wenn möglich noch den Nottransport auf. Das wäre wegen einer leichten Magenverstimmung doch etwas übertrieben."

Erst nach zahlreichen Versuchen gelang es mir schliesslich, mich mühevoll am Waschbecken hochzuziehen. Nach kurzem Ausruhen auf dem Schemel schleppte ich mich wieder ins Bett.

Das Fieberthermometer zeigte 40 °C und ich bekam immer wieder Schüttelfrost, wie bei einer starken Grippe. Ich war als Erwachsener selten krank, höchstens einmal kurz über das Wochenende. Dann legte ich mich jeweils mit einer Vitamin-C-Brausetablette ins Bett, schlief fast die ganze Zeit und schwitzte die Grippe hinaus.

"So wird es auch heute sein", dachte ich.

Als Rita nach der Probe nach Hause kam, gab sie mir einen fiebersenkenden Tee. Dann schlief ich ein. Aber das dauerte nicht lange. Plötzlich überfiel mich ein ungeheuerlicher Schüttelfrost. "Ungeheuerlich" ist allerdings sehr milde ausgedrückt. Das ganze Bett zitterte. Rita konnte auch nicht mehr schlafen und hatte Bedenken, dass das Bett, das ich vor unserer Hochzeit selbst zimmerte, kaputt ginge. Das dauerte die ganze Nacht ohne Unterbrechung bis etwa 6 Uhr morgens.

Ich dachte: "Jetzt hat mich doch einmal eine ernsthafte Grippe erwischt." In dieser Zeit litten nämlich viele Leute an einer starken Grippe.

"Das nächste Jahr werde ich mich sicher impfen lassen." Ich war ganz erschöpft.

Den ganzen Donnerstag hatte ich hohes Fieber und starke Schmerzen vom Nacken über beide Schultern.

"Das kommt natürlich vom ausserordentlichen Zittern in der Nacht" sagte ich mir.

Rita gab mir Tee und Schmerztabletten. Ich blieb den ganzen Tag im Bett. Erst am Abend liessen die Schmerzen nach und ich konnte ermüdet einschlafen.

Am Freitagmorgen war ich ziemlich ausgeruht. Ich fühlte mich fit und dachte:
"Na also, ich hab's ja gewusst: Jetzt ist alles wieder vorbei."
Rita musste dieses Wochenende ins Wallis fahren, weil in unsere Ferienwohnung neue Gäste kamen. Eigentlich wollte sie wegen meiner Grippe mit der Strassenbahn zum Bahnhof fahren. Ich sagte ihr, mir gehe es wieder gut, ich bringe sie mit dem Auto hin.

Doch schon am Nachmittag fing es wieder von vorne an: Hohes Fieber und Schmerzen, allerdings wurde alles exponentiell[6] schlimmer. Ich schlürfte ständig heissen Tee mit Schmerztabletten. Im Bett konnte ich nicht liegen, weil in jeder Stellung die Schultern schmerzten. Am besten war es für kurze Zeit halb schräg im Fernsehsessel. Am Samstagnachmittag rief mich Rita endlich an. Ich sagte ihr, ich könne sie nicht abholen, sie müsse sich beeilen, mir gehe es sehr schlecht. Ich fühlte mich hilflos. Sobald sie zu Hause ankam, setzte sie sich umgehend mit dem Notarzt in Verbindung. Es war ja Samstag, da darf man nicht krank sein, weil die Ärzte frei haben. Der Arzt am Telefon diagnostizierte: Das ist eindeutig die schwere Grippe, die zurzeit im Umlauf ist. Sie würde das schon richtig machen, wenn sie mir heisse Suppe, Tee und fiebersenkende Mittel gäbe.
Wenn es dann noch schlimmer wird und ich sterben wolle, müsse sie eben im Spital anrufen. So hat es mir Rita später erzählt.

---

[6] Mathematischer Ausdruck. Umgangssprachlich: sehr schnell, äusserst stark

Irgendwie ging der Sonntag vorbei und am Montag früh fuhr mich Rita sofort zu unserem Hausarzt. Die gemessenen Blutwerte seien so hoch, er könne sie nicht interpretieren. Er müsse die Proben ins Labor schicken. Zweifelte er vielleicht an der Richtigkeit seiner etwas älteren Geräte? Er war ein guter, beliebter Arzt und hatte schon vielen Patienten als Notfallarzt und praktischer Arzt kompetent und sicher geholfen. Ich kannte ihn seit Langem und hatte grosses Vertrauen in ihn. Allerdings war er auch nicht mehr der Jüngste und schon einige Zeit schien es, dass er selber einen guten Arzt nötig hätte. Er sagte, ich solle am Mittwoch nochmals anrufen.

"Dann schauen wir weiter."

Die folgende Nacht war nicht zum Aushalten. Ich hatte am ganzen Körper Schmerzen und torkelte im Wohnzimmer herum oder lag gekrümmt im TV-Sessel. Von Schlafen war keine Rede. Am Dienstagmorgen, also eine Woche nach der heftigen Schüttelfrostattacke, rief Rita wieder in der Arztpraxis an. Die Arztgehilfin sagte, der Doktor sei krank ...

> *Na, das ist ja toll. Zuerst im Wochenende und dann krank!*

... Sie habe aber die Notlage erkannt und den Laborauftrag als Express auf heute Morgen verlangt. Meine Unterlagen schicke sie sogleich der Arztvertretung, wir sollen sofort zu ihm fahren. Kaum waren wir in seinem Sprechzimmer, kam der Arzt etwas bleich, wie Rita nachträglich meinte und sagte ihr ohne irgendeine Frage zu stellen:

"Ich habe die Unterlagen angeschaut. Sie haben zwei Möglichkeiten: Entweder fahren sie ihren Mann sofort ins nächste Spital oder ich biete gleich den Nottransport auf."

Sepsis

Rita fuhr mich sofort ins Spital, wo sie selber schon zwei mal erfolgreich wegen Darmproblemen behandelt wurde. Also, nicht gerade sofort. Ich musste ja noch Zahnbürstli und Pyjama zu Hause holen.

Kaum hatten wir uns auf der Notfallstation angemeldet, wurde ich in Empfang genommen. Ich konnte mich nicht einmal im Warteraum hinsetzen, wo andere Patienten bereits warteten. Der Arzt habe alle Unterlagen schon zugestellt. Es folgten Blutproben, Spitalhemd, Blasenkatheter, Spitalbett, Infusion, Inhalieren, Ultraschall, Untersuchungen, Ärzte, Spitalzimmer und schon wieder Blutprobe. Ich weiss nicht mehr, was wirklich geschah. Mir erschien alles wie durch einen Nebel. Ich wurde von einem Untersuchungsraum zum anderen gefahren. Immer wieder kam jemand und sagte, dieser Arzt oder jenes Untersuchungsgerät sei gerade frei, ich müsse sofort dorthin. Es eilte immer. Mit dem ganzen Bett wie die Feuerwehr auf der Autobahn "Achtung, Entschuldigung, bitte Platz!" durch die Gänge, Lift runter, irgendwo unter eine Maschine, Untersuchung durch einen Arzt, Lift hinauf, wieder "Achtung, Entschuldigung" ins Zimmer, Arztbesuch, Infusion, Inhalieren. Ich weiss nicht mehr, wie lange dies dauerte, was vorher oder nachher geschah. Ich habe nicht nur das Wahrnehmungsvermögen, sondern auch das Zeitgefühl vollständig verloren.

Erstaunlicherweise liess ich alles über mich ergehen. Aus heutiger Sicht scheint mir das fast unwirklich und wie in einem Traum, denn ich hatte seit je eine grosse Animosität gegenüber Spitälern. Für jeden Besuch bei meiner Frau oder einem Bekannten im Spital musste ich mich jeweils extrem überwinden und mich zuerst vor dem Spitaleingang hinsetzen und sammeln. Jetzt war ich aber zum ersten Mal selber als Patient im Spital und hätte mich eigentlich aufregen müssen, denn wenn man im Spital ist, ist man gewiss auch schwer krank. Aber ich fühlte mich von Anfang an gut aufgehoben und habe mir keine Sorgen gemacht. Sicher war mir klar, jetzt bin ich auch einmal krank, ich war ja sonst nie richtig krank. Ich wusste zwar nicht, wieso und warum, aber alle Pflegenden waren so fürsorglich zu mir. Ich dachte, die bekommen mich schon wieder auf die Beine.

Einmal hiess es, das MRI sei frei, ich müsse sofort dort hin. Man werde meinen ganzen Körper nach einer möglichen Ursache absuchen. Ursache für was? Was ist überhaupt MRI? Magnetic Resonance Imaging oder zu deutsch MRT Magnetresonanztomographie,[7] habe ich später gelesen. Ich hatte allerdings keine Ahnung, was mich da erwartet und wurde einfach auf einer Pritsche angeschnallt und sanft in eine weisse Röhre geschoben. Die beengten Verhältnisse wirkten sehr unangenehm. Die Assistentin sagte etwas und es begann ein Rauschen und Klopfen, als ob ein Güterzug mit viereckigen Rädern über mich donnerte. Der scheinbar nicht enden wollende Lärm wirkte für mich mit der Zeit äusserst gefährlich. Ich kam mir alleine, verlassen und gefangen vor. Der Güterzug wollte nicht aufhören. Es dauerte eine Ewigkeit.
"Die sind sicher schon alle in den Feierabend gegangen und haben mich vergessen!"

Ich hatte zuvor nie Platzangst, doch dieser Gedanke bewirkte, dass ich plötzlich total ausgeflippt bin. Das ganze Gehirn wurde nur in eine Richtung fo-

7   Medizinisch Radiologisches Institut - MRI Röntgen Zürich:
     www.mri-roentgen.ch/de/ange-
     bot/magnetresonanztomographie-mri/

kussiert. Ich hatte keine Kontrolle über irgendwelche gewollte Handlung. Nur schnell raus und weg von hier! Ich konnte mich allerdings in dem engen Korsett nicht bewegen. Meine Hand hat selbstständig die Alarmglocke, welche die Assistentin mir vorher in die Hand gelegt hatte, so fest zusammengedrückt, wie es nur ging und nicht mehr losgelassen, auch nicht, nach dem ich sofort aus der Röhre geholt wurde. Die Assistentin erzählte mir später, ich sei ruckartig aufgesessen, zitterte und schluchzte herzzerreissend wie ein kleiner Junge und habe immerzu gesagt:

"Das bin ich nicht. Das bin ich nicht. Ich kann es nicht mehr abstellen."

Die Assistentinnen wussten sich nicht zu helfen und liessen die Stationsärztin kommen. Irgendwann habe ich mich wieder beruhigt und die Alarmglocke widerwillig aus der Hand gegeben. Im Spitalzimmer schwor ich:

"In diese Röhre bringen mich keine zehn Pferde mehr!!!"

Pferde gab es keine im Spital, aber viele liebe Krankenpflegerinnen, die mir sagten, es wäre wichtig, wenn ich nochmals in die Röhre könnte. Die Stationsärztin versuchte mich zu überzeugen. Ich stehe am Anfang einer schweren Sepsis...

Oh, was ist denn das? Das tönt aber gefährlich!

...Um die mögliche Ursache herauszufinden sei die Untersuchung im MRI für mich und für das Team sehr wichtig, da die Ärzte nirgends eine Verletzung fänden, die als Ursache in Frage käme. Man müsse sie noch mit einem Kontrastmittel zu Ende führen. Sie wollte mich damit beruhigen, dass dies nur noch halb so lange gehe, wie vorher.

Eine halbe Ewigkeit ist aber immer noch eine Ewigkeit!

Nach langem Zureden willigte ich schliesslich ein und habe es bis zum Schluss verbissen durchgestanden! Eine Stunde Achtungsstellung im Militär wäre ein Klacks dagegen gewesen. Ich war richtig stolz auf mich selbst. Aber kaum war ich ausserhalb der Röhre, wo mich die freundliche Assistentin aufmunternd anlächelte, als ob sie sagen wollte "na also, war ja nicht so schlimm", fing ich erneut an zu weinen und konnte es wieder nicht abstellen.

Ich sass schluchzend auf einem Stuhl und diesmal musste mich eine Krankenpflegerin von der Station abholen. Es war mir, als ob meine Mutter mir entgegenkäme, um den kleinen Jungen zu trösten. Nicht dass sie meiner Mutter ähnlich war, die schon vor mehr als 10 Jahren verstorben war. Es war einfach dieses Gefühl. Sie sagte aber kein Wort, stellte sich neben mich, legte ihre Hand auf meine rechte Schulter und wartete - und wartete - wartete, bis ich mich beruhigte und endlich aufhörte zu schluchzen.
Dann sagte sie nur: "Gehen wir?"
Ich nickte und legte mich wieder aufs Bett. Sie fuhr mich in den dritten Stock. Vor meinem Zimmer sass mein zweitältester Sohn auf einem Stuhl und schaute mir mit grossen Augen entgegen. Als ich ihn sah, begann ich gleich wieder zu weinen. Er erschrak noch mehr und machte noch grössere Augen, die ich nicht mehr vergessen werde. Er hatte mich noch nie weinen sehen und befürchtete wohl das Schlimmste. Nachdem ich im Zimmer wieder ansprechbar war, redete er mir Mut zu. Es komme sicher alles wieder gut. Ich erwiderte, um auch ihm Mut zu machen ganz optimistisch:
"Keine Angst, ich gehe noch nicht. Ich habe mich oben noch nicht angemeldet."

Es gab ständig Untersuchungen durch verschiedene Ärzte, auch das Unispital wurde zur Hilfe beigezogen. Ich hatte laufend Infusionen, musste Sauerstoff inhalieren, Tabletten einnehmen, für jedes Glas Wasser ein 'Strichli' machen und immer wieder wurde das Blut kontrolliert. Ich fragte einmal die Krankenpflegerin, ob sie auch Ersatz habe, wenn sie mir alles abgezapft habe. Dann klärte mich die Stationsärztin endlich auf:

Mein Blut im ganzen Körper sei mit Coli-Bakterien übersät. Zudem habe ich im Nacken drei Fingernagel grosse Abszesse, die mein Abwehrsystem schon für sich alleine richtig in Trab halten. Da sei es nicht verwunderlich, dass sich die Coli rasant vermehren konnten. Woher die Bakterien allerdings in so aggressiver Form kommen, könne man sich noch nicht erklären. Jetzt wird vorrangig untersucht, ob das gefundene Antibiotika die Bakterien effizient bekämpfen kann und für meinen Körper trotzdem verträglich sei.

Immer wieder kamen Ärzte und plauderten mit mir über irgend welche Nebensächlichkeiten. Am Wochenende nahm sich ein Stationsarzt eine halbe Stunde Zeit für mich. Er setzte sich zu mir und wir sprachen ruhig über "Gott und die Welt", nur nicht über meine Krankheit. Ich dachte, dass ich dem Personal einfach sympathisch sei und sie mich ein wenig aufmuntern wollten. Heute ist mir bewusst, das Ärzteteam wollte mehrmals täglich nicht nur meinen Gesundheitszustand, sondern auch meine geistige Verfassung beurteilen, um mich wenn nötig sofort intensivmedizinisch zu behandeln. Sie haben mich lange nicht über meine Krankheit aufgeklärt, denn wenn ich meinen wahren Zustand gewusst hätte, hätte ich meine Zuversicht und meinen Willen gesund zu werden verloren. Für mich war immer klar: "Ich werde wieder gesund."

Die Spitaltage normalisierten sich langsam und Rita durfte jeden Tag mit mir im Zimmer zu Mittag essen. Das war schön und gab einen Rhythmus, auf den ich mich immer wieder freuen konnte. Aber die Nächte waren unendlich lang. Ich konnte trotz Schlaf- und Schmerzmittel schlecht einschlafen. Wenn ich im Bett lag, plagten mich die Rückenschmerzen. Oft sagte die Pflegerin, die Schmerzmittelmenge sei für heute aufgebraucht, sie könne mir nicht mehr geben. Ich konnte nur in einer bestimmten Seitenlage mit drei Kissen gestützt, einigermassen einschlafen und hatte deswegen Angst vor dem zu Bett gehen. Ich bekam Angst vor der Dunkelheit und bat um ein kleines Nachtlicht im Zimmer. Oft bin ich auch die längste Zeit im dämmrigen Gang auf und ab gegangen.

Darum heisst er ja "Gang".

Rita brachte mir einen kleinen CD-Player. Ich hörte täglich meine CD mit den Aufnahmen des Konzertes, in dem ich selber, zusammen mit Orgel und Blockflöte, Saxophon spielte. Wir hatten das Konzert ein Jahr zuvor vor einem vollen Saal aufgeführt. Ich durfte schon seit zwei Jahren mit diesen zwei ausgebildeten Musikerinnen immer wieder zusammen musizieren. Wir spielten Mozart, Vivaldi, Marcello und Bach. Ich hörte die CD immer wieder, Stunden lang. Wenn das letzte Stück verklungen war, fing ich wieder von vorne an. Ich wollte keinen Fernseher, kein Radio, keine Zeitung, keine Literatur, nur meine CD. Mein einziger Wunsch war, wieder Saxophon spielen zu können.

Beim Puls-Messen sagte einmal die Krankenpflegerin:
"Oh, da stimmt etwas nicht. Ich muss noch einmal messen."
Sie war auch nach der dritten Messung nicht zufrieden und ich fragte, was denn los sei. Der Puls

werde mit 152 angezeigt und der Blutdruck mit 70. Das sei doch ein bisschen verkehrt rum. Da fiel mir auf, dass ich das Musikstück auf der soeben gehörten CD mit einer Geschwindigkeit von etwa 150 gespielt hatte.

"Hat dies einen solch grossen Einfluss?"

Wir wussten es beide nicht. Auch die Stationsärztin wusste nicht mehr als "ist schon möglich" und fragte mich:

"Was hören sie denn ständig für verrückte Musik?"

"Mozart".

Ich erzählte von meinem 'Musik-Machen' und schenkte ihr eine Kopie meiner CD. Dabei versprach ich, nach meiner Genesung das Konzert in der Spitalkapelle nochmals aufzuführen. Sie sagte nur:

"Ja, das wäre schön".

Wahrscheinlich dachte sie, dass ich mein Versprechen doch bald vergessen werde. Oder zweifelte sie etwa daran, dass ich je wieder Saxophon spielen könne? Heute bin ich überzeugt, nicht nur die gute Pflege im Spital und die lange andauernde Behandlung mit Antibiotika, sondern auch mein Wille und die Zuversicht, wieder Musik zu machen, haben mir geholfen, gesund zu werden.

Mein Versprechen habe ich gehalten und als Dan-
keschön ein paar Monate später in der Spitalkapelle das Konzert nochmals aufgeführt. Im ganzen Spital habe ich Flyer verteilt mit dem Titel: "Ein

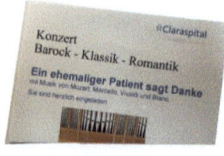 ehemaliger Patient sagt Dan-
ke mit Musik". Die japanische
Organistin, die in Basel studiert hatte, musste zwar zwischenzeitlich nach Hause zurück. Als ich sie per E-Mail an-
fragte, ob sie jemanden kenne, der ihren Part so
kurzfristig übernehmen könne, schrieb sie, sie sei
froh, dass ich wieder gesund bin und ist extra von
Tokio für diese Aufführung zurück gekommen. Pfle-
gende, Patientinnen und Patienten haben zugehört
und applaudiert. Sogar Freunde und Bekannte aus
meiner Wohngemeinde waren gekommen.

Traum

Einmal, den genauen Tag weiss ich nicht, war es am Anfang oder später, hatte ich den folgenden Traum, der mich bis heute nicht mehr loslässt. Er ist so präsent und wirkt immer noch so echt, als ob ich es erlebt hätte. Ich hatte ihn im Spital mit etwa folgenden Worten im Handy aufgeschrieben:

Ich bin am Rand eines grossen, runden Platzes. Er ist rundherum abgeschlossen wie mit blendend weissen Häusern, die zwar etwas unwirklich aussehen. Eines steht neben dem anderen, mit graden Wänden, ohne Zwischenraum und ohne Fenster. Obwohl ich nicht in die Höhe schaue, scheinen sie mir sehr hoch zu sein. Ich habe keine Veranlassung, Überlegungen anzustellen. Es ist einfach ein abgeschlossener Platz. Im Zentrum des Platzes steht eine sehr hohe, schlanke Statue. Beim zweiten Hinsehen bin ich überrascht, es scheint eher eine eckige Säule zu sein, wie ein dünner, hoher Obelisk.

Der ganze Platz ist gefüllt mit hellen Gestalten. Ich kann sie nicht richtig beschreiben. Irgendwie sind sie einfach da. Ohne jemanden wirklich zu erkennen, gehören wir alle schon lange zusammen, wie eine Familie. Wir gehen nicht wirklich, es sieht aber so aus, als ob sich alle ganz langsam, gegen den Uhrzeigersinn um den Platz herum gegen die Mitte zu bewegen, wo die Gestalten scheinbar immer kleiner werden und irgendwie verschwinden. Ich werde auch langsam hineingeschoben, mache mir aber weder über meine Anwesenheit noch über die Gestalten Gedanken. Ich habe keine Angst, aber auch keine Freude. Ich bin einfach hier. Ich fühle mich wohl, aber weder speziell glücklich noch traurig. Es ist für mich alles ganz normal.

Hinter mir ist plötzlich jemand, der mich an den Hüften festhält und sagt mit einer lieblichen, hellen Stimme "Komm hier durch - komm - komm hier durch." Ich spüre deutlich den Druck an den Hüften, der mich nach rechts steuert. Ich kann nicht anders als gehorchen, obwohl ich kein Verlangen habe, von hier wegzugehen. Im Gegenteil, ich fühle mich geborgen und wunschlos. Es ist schwierig zu beschreiben. Etwas mühsam komme ich durch die vielen Gestalten. Ich berühre sie zwar nicht. Ich komme einfach durch und trotzdem ist es anstrengend. Ich erreiche den Rand, wo ich plötzlich eine kleine Gasse in der weissen Häuserfront sehe. Es ist die einzige Öffnung auf dem Platz. Die Gasse ist sehr schmal und hoch. Von rechts kommen immer mehr Gestalten, aber alle gehen an der schmalen Gasse vorbei. Niemand ausser mir scheint sie zu bemerken. Ich weiss nicht, wer hinter mir ist. Ich mache mir auch keine Gedanken darüber. Ich höre nur immer wieder die für mich unendlich liebe und unwiderstehliche Stimme.
"Komm hier durch, komm zurück."
Unmittelbar bei der Gasse erwache ich.

Ich träume wahrscheinlich jede Nacht und habe schon mehrere eindrückliche Träume aufgeschrieben, aber normalerweise vergesse ich sie gleich nach dem Aufstehen wieder. Ich weiss dann nur noch, dass ich irgendwas Verrücktes geträumt habe. Auch die Träume, die ich notierte, vergesse ich bald und bin später überrascht, wenn ich sie wieder einmal lese. Dieser Traum war allerdings ganz anders.

Normalerweise träume ich aus meinem Leben, auch wenn es nicht immer logisch erscheint. Meistens träume ich ziemlich turbulente Szenen an mir bekannten Orten mit bekannten Personen. Manchmal stimmen allerdings Personen, Zeiten oder Örtlichkeiten überhaupt nicht überein. Zum Beispiel sassen in einem Traum Studienkollegen aus der Ingenieurschule, die ich erst als Erwachsener kennengelernt habe, als junge Schüler in einem Schulzimmer des Internats, wo ich als Teenager Latein 'büffeln' musste. Oder meine Kinder und deren Kinder, also meine Grosskinder, waren als gleichaltrige Kinder im gleichen Traum. Es kamen auch schon gestorbene Personen vor, allerdings ohne, dass sie mir gleich Botschaften aus dem Jenseits zutrugen, wie man das immer wieder lesen kann. Sie waren einfach Akteure in einem Film meiner Träume. Manchmal sind die Träume interessant, oft aber stressig oder mühsam.

In diesem Traum erlebte ich aber eine völlig neue Situation mit keinem einzigen bekannten Bezug zu Ort und Personen und trotzdem war mir der Traum nicht fremd, sondern sehr vertraut. Das Erlebnis ist mir noch heute präsent, wie wenn es gestern gewesen wäre und immer wieder denke ich an die Stimme. Sie ist mir so in Erinnerung, als ob ich sie aufs Neue hören könnte. Ich kann sie keiner mir bekannten Person zuordnen. Vielleicht lerne ich sie erst noch kennen. Braucht mich jemand? Oder war es meine eigene Stimme als Kind? Habe ich etwas verpasst, das ich nachholen müsste?

Ich sehe auch immer wieder die Gestalten auf dem Platz, vor mir und neben mir. Ich kann allerdings nicht richtig beschreiben, was ich wirklich gesehen habe. Es war einfach jemand hier. Sie waren wie farblos oder transparent, aber nicht durchsichtig, sondern hell beleuchtet. Ich sah keine Gesichter, keine Arme, keine Beine. Total fremd und trotzdem alles liebe Freunde. Es war alles eher eine Wahrnehmung als ein Sehen. Ich fühlte mich einfach wohl und geborgen. Nichts kam mir aussergewöhnlich oder fremd vor.

Nahtoderlebnis?

Die Psychotherapeutin, die mich später therapierte, sagte, das sei eventuell kein Traum, sondern ein Nahtoderlebnis gewesen. Sie gab mir eine Beschreibung von Carl Gustav Jung, wie er seinen Nahtod erlebte. Ich hatte schon früher Berichte von Nahtoderfahrungen flüchtig gelesen, aber nie daran geglaubt. Dazu bin ich vielleicht zu sehr Realist. Die Berichte waren für mich alle zu fiktiv und theatralisch. Sie handelten immer von mystischen, esoterischen oder pseudoreligiösen Erlebnissen mit dem Anspruch auf undiskutable Tatsachen. Auch den Bericht von Carl Gustav Jung habe ich nur überflogen und dann zur Seite gelegt. Seine Beschreibung schien mir ebenfalls etwas fantasiert.

> *Hoffentlich ist C.G. Jung wegen meiner Skepsis nicht beleidigt.*

Er beschrieb, dass er sich im Weltraum befand und die Erdkugel "in einem herrlich blauen Licht" sah. Er hatte diese Vision 1944. Das erste Bild aus einer Umlaufbahn, wo die Erde auch als Kugel erkennbar ist, hat die Raumsonde Explorer-6 erst 15 Jahre später aus 27'000 km Höhe aufgenommen[8] und das erste farbige blaue Bild schoss Kosmonaut Titow aus der Wostok-2 im Jahr 1961.[9] Vielleicht hat aber C. G. Jung die Beschreibung von Auguste Piccard aus dem Stratosphären-Ballon 1931[10] in 15 km Höhe geholfen, seine Bilder vorstellen zu können. Wie er dann schreibt, kam er

---

[8] NASA National Aeronautics and Space Administration: https://nssdc.gsfc.nasa.gov/nmc/spacecraft/display.action?id=1959-004A

[9] Russian Space Web. Anatoly Zack: www.russianspaceweb.com/vostok2.html

[10] SWI swissinfo.ch Zweigniederlassung der Schweizerischen Radio- und Fernsehgesellschaft: www.swissinfo.ch/ger/kultur/schweiz-forschung-pionier-auguste-piccard-meeresforschung-dynastie/47444270

vor ein grosses Tor in einem grossen Felskubus mitten im Weltall, was mir als Astronomie-Interessierter sowieso fraglich vorkam. Einzig, dass sein Arzt, der noch gar nicht gestorben war, ihn von dort wieder zurückschickte, hat für mich etwas Interessantes. Durch meine Lektüre zu den Forschungen über das Universum und die Raumzeit habe ich gelesen, dass die Zeit nur eine Erfindung des Menschen ist und auch anders ablaufen könnte, als wir uns das vorstellen.

Die Zweifel, dass ich vielleicht nicht nur einen Traum erlebt habe, kamen mir erst viel später. Angeregt durch die Bemerkung des Arztes einer Schmerzpraxis, der mir einen Bandscheibenvorfall mit Cortison Spritzen kurierte, begann ich in dieser Richtung nachzudenken und zu recherchieren. Beim Eintrittsgespräch erzählte ich ihm von meiner Sepsis und den vorangegangenen Symptomen mit hohem Fieber, Erbrechen, Lähmungen und immensem Schüttelfrost. Danach ein paar ruhige Stunden, als ob alles vorbei wäre und anschliessend die Wiederholung, nur noch viel schlimmer. Er schaute mich durchdringend an, als ob er gar nicht richtig zuhören würde.

Dann fragte er plötzlich: "Wieso sind sie denn überhaupt noch hier?"
Völlig verblüfft und überrascht dachte ich, vielleicht in der falschen Arztpraxis zu sein. Ich verstand nicht, was er meinte und erwiderte:
"Ich bin hier in der Hoffnung, dass sie mich endlich von den Rückenschmerzen befreien können."
Er sagte so nebenbei, ohne auf meine Antwort zu achten:
"Normalerweise überlebt man das nicht."
Und auf meine Bemerkung etwas später im Gespräch, dass ich froh war, trotz allgemein versi-

chert zu sein, ein Einzelzimmer erhalten zu habe, meinte er:
"Das Spital will ja nicht, dass ein zweiter Patient im Zimmer ist, wenn jemand stirbt".

Er hatte mir alles sehr direkt und offen gesagt, aber wegen meiner starken akuten Rückenschmerzen, ich konnte mich nur mühsam mit zwei Stöcken von der Strasse in seine Praxis schleppen, achtete ich mich nicht darauf und hoffte nur, dass er mir jetzt endlich helfen könne. Im Wartezimmer habe ich auf verschiedenen Attesten gelesen, dass er vorher mehrere Jahre Chefarzt einer Notfall- und Intensivstation war. Er hatte sicher schon einiges erlebt. Aber erst im Nachhinein machte ich mir über seine schroffen Aussagen Gedanken.

Ich las etwas später in den Gesundheits Nachrichten von A. Vogel[11], dass 2018 in der Schweiz 31'033 Fälle von Sepsis auftraten. Wahrscheinlich bin ich in dieser Statistik ebenfalls enthalten. Es waren die gleichen Symptome beschrieben, wie ich sie erlebt hatte mit dem Hinweis, dass eine schwere Sepsis äusserst aggressiv und bei nicht rechtzeitiger Behandlung meistens tödlich sei.

Am TV kam kurze Zeit danach ein DOK-Film über die sportlichen Tätigkeiten des Skifahrers Bernhard Russi und seine Arbeit als Olympia-Pistenbauer. Er berichtete auch über den Tod seines Bruders, der ebenfalls die genau gleichen Krankheitssymptome und den gleichen Verlauf wie ich hatte, ohne zu wissen warum. Er hatte aber niemanden, der ihn ins Spital brachte und sei kurz darauf gestorben.

Dadurch angeregt, wurde ich nachdenklich und es wurde mir etwas unheimlich zu Mute. Es kamen

---

[11] A.Vogel Gesundheits Nachrichten Ausgabe September 2020

mir nachträglich nämlich folgende Episoden aus dem Spitalaufenthalt in den Sinn:

Einmal kamen 4 oder 5 Leute ins Zimmer gestürmt. Sie waren alle blau gekleidet, nicht weiss wie die anderen. Ich war überrascht und fragte mich, was die wohl hier wollen. Sie hatten verschiedene Geräte auf Rollen und waren sofort bei mir mit vielen Kabeln und Schläuchen. Ich weiss nicht, was wirklich passiert ist und wie lange das dauerte. Irgendwann waren sie nicht mehr da, nur die Stationsärztin hat mich gedankenvoll angeschaut.

Ein andermal erschien ein Psychotherapeut, weil ich immer wieder Tag und Nacht ungewohnte, helle Lichterscheinungen sah, als ob violette Blitze aus irgend einer Zimmerecke kamen. Auch aus dem TV kamen violette Blitze, obwohl der Stecker heraus gezogen war. Ich sagte ihm offen, dass ich nicht viel von Psychotherapie halte, was ihn scheinbar nicht sonderlich erstaunte. Das Gespräch war aber sehr entspannt und interessant. Wir haben uns sofort gut verstanden und plauderten einige Zeit über meine Blitze und ungezwungen über dies und das. Am Schluss sagte ich ihm, dass ich nicht wisse, warum ich krank geworden bin und fragte ihn, ob er etwas wisse. Er meinte nur:
"Normalerweise werde ich erst gerufen, wenn jemand am Sterben ist."
Er hatte aber sicher feststellen müssen, dass ich nicht diese Absicht hatte.

Später bei der Schlussvisite stellte ich die gleiche Frage den Ärzten, weil mir immer noch nicht bewusst war, was die Ursache meiner Krankheit war. Es entstand plötzlich eine angespannte Pause. Der ältere Chefarzt,

der kurz vor seiner Pensionierung stand, verliess langsam wortlos das Zimmer und überliess aus mir unverständlichen Gründen der Stationsärztin das Antworten. Sie sagte nur:
"Das ganze Ärzteteam hat sich sehr grosse Sorgen gemacht".
Um ihr zu zeigen, dass ich meinen Humor wieder gefunden habe, bemerkte ich locker:
"Dann war es wohl schon 5 vor 12, als ich zu ihnen kam."
Sie erwiderte ernst: "Es war eher 5 nach 12. Sie waren nahe an ihren physischen Grenzen und hätten eine Woche früher kommen sollen."

Mein ehemaliger Hausarzt musste seine Praxis zwischenzeitlich altershalber aufgeben. Die neue Hausärztin sagte bei der ersten Konsultation, sie habe beim Überfliegen meiner Krankenakten gelesen, dass ich einmal ein Nierenproblem gehabt hätte. Sie wollte wissen, was das war. Mir war nichts bekannt und meinte, sie verwechsle dies sicher mit einer anderen Akte. Tatsächlich fand sie im Austrittsbericht des Spitals nicht nur einen Eintrag über den Beginn eines akuten Nierenversagens, sondern auch den Verdacht auf Endokarditis, eine Entzündung der Herzinnenhaut.

Das machte mich stutzig, denn ich hatte gelesen, dass bei einer fortgeschrittenen Sepsis als erstes die Nieren versagen. Danach werden in kurzer Zeit alle anderen Organe beeinträchtigt. Eine spezifische Therapie für Nierenversagen bei Sepsis existiere bis heute nicht. Steffen Mitzner[12] von der Universitätsklinik Rostock schreibt in der Zeitschrift "Der Nephrologe": Das akute Nierenversagen bei

---

[12] Zeitschrift für Nephrologie (Funktion und Krankheiten der Niere) und Hypertensiologie (Ursachen und der Behandlung des Bluthochdrucks) 25. Januar 2021:
https://doi.org/10.1007/s11560-020-00482-y

Sepsis sei mit etwa 50 % der Fälle das am häufigsten auftretende Nierenversagen auf Intensivstationen.

Aufgrund der vielen Aussagen von Fachleuten, die alle in die gleiche Richtung deuteten, muss ich annehmen, dass ich nur knapp am Tod vorbeikam. Ich darf wohl froh sein, das Ärzteteam sicher auch, dass ich das Spital noch lebend verlassen konnte. Hatte ich einfach Glück oder war alles Zufall? Waren zufällig die richtigen Personen zum richtigen Zeitpunkt bei mir und haben glücklicherweise alles richtig gemacht? War die Stationsärztin etwa die Einzige im Ärzteteam, die an meine Genesung glaubte?

Langsam schlich eine Ungewissheit in mich hinein. Warum musste ich dies alles erleben? Was hat das für einen Sinn? Bin ich heute nicht mehr am rechten Platz in der Welt? Müsste ich noch etwas erledigen? Hatte ich im Spital einen Nahtod erlebt, wie es C.G. Jung beschrieben hatte? Fragen und Zweifel, die ich aber vehement zurückdrängte nach dem Moto: Was ich mir nicht erklären kann, darf auch nicht sein. Das sind höchstens Reaktionen einer doofen Krankheit, von der ich immer noch nicht wirklich weiss, was es war. Nein, ich wollte nicht mehr daran denken. Es geht gleich weiter, so wie früher.

Oder hat vielleicht doch jemand gerufen: "Komm sofort zurück! So schnell lassen wir dich nicht gehen."? Die Zweifel plagten mich immer wieder und es scheint unvermeidbar, dass ich mich später im Internet über dieses Thema doch noch schnell orientieren muss. [13]

---

[13] siehe Kapitel 'Nahtod'

Geschafft!

Nach dem zweiwöchigen Spitalaufenthalt brauchte ich nochmals vier Wochen täglich Infusionen mit Antibiotika. Damit ich nicht jeden Tag ins Spital kommen musste, wurde mir ein PICC-Venenkatheter vom Unterarm bis zum Herzen eingelegt. Daran konnte die Infusion angeschlossen werden, ohne jedes Mal die Vene anzustechen. Die Methode wurde in Spitälern zwar schon oft angewendet, aber bei den Hausärzten und der Spitex war sie noch wenig bekannt. Ich bat, noch einen Tag länger im Spital zu bleiben, um zu beobachten, ob ich dieses Vorgehen auch wirklich vertrage. Ich fühlte mich sehr schwach und war nicht bereit, noch zusätzliche Risiken auf mich zu nehmen. Zwei Helferinnen der Spitex aus unserer Region hatten sich zufällig kurz zuvor ausbilden lassen, um solche Infusionen durchführen zu können. Sie hatten den Kurs gerade eben abgeschlossen. Ich war ihr erster Patient. Sie haben das perfekt gemeistert.

Danach musste ich mehrere Wochen Antibiotika-Tabletten einnehmen. Erst nach zwei Kontrolluntersuchungen im Spital sagte der Arzt, dass nun alles wieder in Ordnung sei. Die Antibiotika machten mich noch zusätzlich müde. Ich war schwach und musste meine Kräfte wieder aufbauen.
"Mit ein bisschen im Wald herumspazieren, werde ich sicher bald wieder fit sein."
Rita begleitete mich, doch bei der ersten Strassenkreuzung musste ich schon wieder umkehren. Meine Beine wurden bleischwer, als ob ich auf einen Berg gestiegen wäre. Wieder zu Hause schaute ich deprimiert zum Fenster hinaus auf die Strassenkreuzung und dachte:
"Das schaffe ich ja nie!"

Langsam, während vieler Tagen versuchte ich trotzdem meine Leistung zu steigern. Zuerst bis zu übernächsten Strassenkreuzung, dann bis zum Waldrand, dann bis zum roten Bänkli, dann bis zu einem Holzstapel am Waldrand, dann zum Weiher, jeden Tag ein paar Meter weiter. Oft dachte ich, jetzt muss ich jemanden anrufen, der mich nach Hause fahren kann. Die ständigen Bemühungen, mit kleinen Schritten wieder ganz gesund zu werden, lenkten mich von den trüben Gedanken ab.

Schon am Tag, als ich vom Spital nach Hause gekommen bin, wollte ich als erstes wieder Saxophon spielen. Doch das Vorbereiten des Mundstücks bereitete mir grosse Mühe und nach dem Spielen von ein paar Tönen musste ich frustriert aufgeben. Ich setzte mich erschöpft auf den Stuhl, schaute entsetzt das Saxophon an und wollte es nicht glauben. Aber ich versprach ja, wenn ich wieder gesund bin, in der Spitalkapelle zu spielen. Ich übte so oft ich konnte und stoppte die Zeit. Das Ziel war jeden Tag mindestens zwei Minuten länger! Ich konnte nicht nur mein Versprechen einlösen, sondern habe gleich weitere Konzerte zum Jahresanfang in drei benachbarten Gemeinden durchgeführt. Natürlich war der Rahmen jeweils klein, bis etwa 100 Personen, denn so berühmt bin ich ja auch nicht. Trotzdem gab es immer eine ansehnliche Kollekte, die mein neuer Cellospieler und die Flötistin unter sich teilen konnten. Ich wollte nichts davon, denn für mich war das Erreichen des Ziels genug Belohnung.

Ich habe es geschafft!

2. Long Sepsis

Die Krankheit habe ich überwunden und allen unerwünschten Bakterien wurde dank moderner Medizin der Garaus gemacht. Soweit ist alles klar, ob
'Nah- oder Ferntod', das Thema war für mich erledigt. Ich kann es auf die Seite legen und brauche
nicht mehr darüber zu grübeln.

Jedenfalls dachte ich so. Ich musste allerdings
bald feststellen, dass mich einige unangenehme
Eigenschaften nicht mehr losliessen. So eine Art
Long-Sepsis, wie ich das später genannt habe.

> *Diese Wortschöpfung habe ich in Anlehnung*
> *an Long-Covid[14] selber erfunden. Das Wort*
> *findet sicher seinen Eingang in der nächsten*
> *Duden-Ausgabe.*

Der kleine Junge

Nach dem Spitalaufenthalt bekam ich bei den geringsten Emotionen Tränen. Nicht nur, wenn ich eine traurige Meldung über Krankheit, Verlust oder
Tod las, sondern auch bei fröhlichen Meldungen
über Genesung, Wiedersehen oder Freude. Speziell berührte es mich, wenn Kinder involviert waren. Wenn ein Kind aus irgendeinem Grund traurig
war, z.B. weil es nicht mit anderen Kindern mitspielen durfte, oder alleine auf dem Spielplatz war,
musste ich mich abwenden und weinen. Aber auch
wenn ich Kinder fröhlich spielen sah, kamen mir
die Tränen. Sogar beim Vorlesen eines Kinderbu-
ches, wo die kleine Hexe ihrer kranken Hexen-
freundin so liebenswert behilflich war und alles wieder gut wurde, musste ich weinen. Am Tag meiner
Entlassung aus dem Spital sah ich zu Hause zufäl-

---

[14] Anhaltenden Folgen einer SARS-CoV-2-Infektion. Gemäss
Weltgesundheitsorganisation (WHO): Post-Covid-19-Erkran-
kung

lig eine illustrierte Zeitung auf dem Stubentisch. Es war das Foto eines jungen Paares aufgeschlagen, das sich umarmte. Ich musste weinen. Später war in einer TV-News ein kurzer Bericht über den Mann, der seiner Frau über ein grosses öffentliches Plakat an der Hauptstrasse eine Liebeserklärung machte. Ich musste wieder weinen. Sendungen am Fernseher über Krieg oder Ungerechtigkeiten waren fast unerträglich. Ich musste die Meldungen überspringen oder abschalten, weil ich weinte.

Es kamen noch andere emotionale Ausbrüche dazu, wie z.B. das Gefühl von Heimweh, jeden Abend und paradoxerweise auch wenn ich zu Hause war. Oder ich hatte Angst in der Dunkelheit. Vorher konnte ich mich problemlos im Dunkeln bewegen. Ich fühlte mich wie ein kleiner Junge, der aber niemandem etwas davon erzählen wollte. Ich schämte mich, darüber zu sprechen.

Zwei Jahre scheute ich keinen Aufwand, dies in der Öffentlichkeit zu verbergen oder einigermassen so zu dämpfen, dass es niemand bemerkte, ausser Rita, die allerdings auch nicht verstand, was mit mir los war. Ich versuchte die ungewollten Gefühle mit allen möglichen Tricks und Überwindungen loszuwerden, oder hatte Ausreden wie "ich habe Augenbrennen" oder ich entfernte mich mit einer Entschuldigung "Ich muss 'mal." Ich war wie verbissen mit Arrangieren von neuen Musikstücken und dem Spielen auf dem Saxophon beschäftigt. So konnte ich die ungewollten Empfindungen unterdrücken und zeitweise sogar vergessen. Zudem musste ich mich auf meine Therapie konzentrieren und der kleinste Erfolg bereitete mir grosse Freude. Ich hatte nur ein Ziel: Die Sepsis und deren unangenehmen Folgen zu überwinden und wieder ganz "erwachsen" zu werden, ohne dass jemand von meinen Problemen etwas bemerkt.

Im Sturzflug

Seit mehreren Jahren spielte ich Saxophon in einem kleinen Ensemble mit Orgel und Blockflöte. Wir spielten alte Musik von Barock bis Klassik. Zwei junge Musikerinnen mit abgeschlossenem Studium in Barockmusik begleiteten mich.

Rita und ich hatten uns mit der fröhlichen japanischen Blockflötenspielerin befreundet. Wir besuchten sie bei Konzerten ihres Flötenensembles mit Studienkolleginnen aus der Musikhochschule. Einmal blieben wir im Stau in Freiburg stecken und kamen 10 Minuten zu spät im Konzertraum an. Als wir möglichst leise hereinschlichen, begrüsste uns die Sprecherin freudig:
"Aha, jetzt können wir beginnen. Der Fan-Club aus der Schweiz ist angekommen" und alle Besucher applaudierten.
An Weihnachtsabenden war sie bei uns, weil sie nur selten nach Japan zurückfliegen konnte. Sie war für uns beinahe wie eine eigene Tochter.

In einem gemeinsamen Skiurlaub half ich ihr ein Motivationsschreiben für die Aufnahme ins neue Studium der Musikpädagogik zu formulieren. Sie hatte keine Ahnung, wie man das machen sollte und auch ihre Deutschkenntnisse waren dazu nicht so optimal.

Im Sommer darauf kommt ein verzweifelter Telefonanruf:
"Georg, ich habe ein Problem!"
Erst seit einer Woche sei ihr bekannt, dass sie für den Abschluss ihres derzeitigen Oboen-Studiums eine Masterthesis[15] schreiben müsse. Ohne diesen Abschluss werde sie nicht zum neuen Studium

---

[15] Wissenschaftliche oder künstlerische Arbeit, die für den Abschluss eines Master-Studienganges verlangt wird.

für Pädagogik zugelassen. Sie habe aber nur noch 3 Wochen Zeit und wisse nicht, wie sie das hinkriegen soll. Eine ehemalige Blockflötenlehrerin gab ihr eine alte Masterarbeit mit dem Rat, sie könne diese ja etwas umformulieren, das würde schon niemand bemerken. Keine ihrer deutschen Freundinnen hatte Zeit und so fragte sie mich, ob ich ihr dabei helfen könne. Ich sagte, das geht nicht, das wäre ja Betrug, ein Plagiat. Ich motivierte sie, ihre eigene Masterarbeit zu schreiben indem ich ihr half, einen markanten Titel zu formulieren und immer wieder zusprach: "Die Zeit reicht, du bist gut, mach' weiter so", denn sie wusste unglaublich viel über barocke Musik und über das Spielen mit der Blockflöte und der Barockoboe. Sie kam jeden Tag zu uns und konnte in meinem Büro im kühlen Sou Sol arbeiten, denn die Sommertage waren lähmend heiss. Ich war drei Wochen lang fast jeden Tag da, recherchierte aufgrund ihrer Angaben im Internet oder suchte Textstellen in mitgebrachten Fachbüchern. Ich half ihr, bei der sprachlichen Optimierung und zeigte ihr, wie sie die vielfältigen Möglichkeiten der digitalen Textverarbeitung nutzen konnte.

Und Rita backte immer wieder herrliche Kuchen. "Mhm, so fein!"

Sie wurde zum Pädagogikstudium zugelassen und hat auch den Master für Historische Aufführungspraxis mit der Barockoboe bestanden. Wir waren bei ihrem Abschlusskonzert, genauso wie andere Studenten und Studentinnen von ihren eigenen Eltern begleitet wurden. Zur Feier des Tages luden wir sie danach in ein gutes Restaurant ein, wie wir das bei unseren Söhnen in ähnlichen Situationen auch taten.

Bald zog die Flötenspielerin nach Freiburg im Breisgau, um das neue Studium zu beginnen, für das ich ihr beim Motivationsschreiben geholfen hatte. Ich transportierte alle ihre Sachen mit meinem Auto zum neuen Wohnort. Zwei Wochen danach schrieb sie uns per WhatsApp plötzlich:

"Meine Vorstellung über unsere Beziehung ist jetzt total anders. Danke für alles und tschüss."

Was soll das heissen? Was ist da los? Einige Tage zuvor schrieb sie mit vielen Herzli-Smileys, weil ich ihr wieder irgendwie geholfen hatte:

"Georg, du bist einfach super! Ich freue mich darauf, morgen wieder zu euch zu kommen."

Doch das letzte WhatsApp war völlig unerwartet und unverständlich. Alle Bemühungen, mit ihr Kontakt aufzunehmen blieben erfolglos. Sie wollte nichts mehr von uns hören, obwohl sie zu den bevorstehenden Weihnachten wieder bei uns eingeladen gewesen wäre und wir bereits neue Konzerte für das nächste Jahr geplant hatten. Einige Tage später sperrte sie meine Telefonnummer.

Rita wurde traurig und wütend zugleich. Bei mir schlug es wie mit einem grossen, schweren Hammer auf meinen Rücken ein. Alle ungewollten und unterdrückten Gefühle der Long-Sepsis, die ich glaubte so gut bewältigt zu haben, waren auf einen Schlag wieder da. Ich weinte wieder wie der kleine Junge. Ich weinte immer wieder beim geringsten Anstoss oder auch grundlos. Ich hatte Angst, wenn Rita wegging. Einer der Söhne musste einige Male bei mir sein, um mich zu hüten. Ich bekam Angst, wenn ich nachts nach Hause gehen musste. Vorher bin ich oft im dunklen Wald alleine vom Nachbardorf nach Hause marschiert. Die Dunkelheit war für mich plötzlich so beängstigend, dass im Schlafzimmer ein Licht wie für die Grosskinder brennen musste. Immer wieder hatte ich starkes, unbegründetes Heimwehgefühl und starke Rückenschmerzen.

Ich hatte den Boden unter den Füssen verloren. Es war wie im Sturzflug aus hoher Höhe, immer schneller hinunter, mit der Gewissheit, dass ich in kurzer Zeit auf den harten Boden aufschlagen werde. Ich konnte mich nirgends festhalten. Ich wusste nicht, was mit mir los war und hatte keine Lust mehr zum Saxophon spielen.

"Mit wem kann ich denn jetzt überhaupt noch zusammen musizieren?"

Die zwei bereits abgemachten Konzerttermine für den Januar musste ich unter Tränen absagen. Die ganze Welt mit schöner Musik, die mir immer wieder im Leben geholfen hat, scheint auf einen Schlag zerstört und weggeblasen zu sein.

Wieso werde ich derart aus dem Gleis geworfen? Bis jetzt wusste ich immer einen anderen Weg, wenn etwas nicht auf Anhieb klappte. Doch jetzt sehe ich plötzlich keine Lösung mehr.

Ich versuchte meine Gedanken zu ordnen:
"Was ist wirklich passiert?"
"Gibt es Alternativen?"
"Deshalb geht die Welt doch nicht unter!"
"Nimm es locker, es geht immer wieder ein Türchen auf!"
"Sind das etwa Depressionen?"
"Aber doch nicht so plötzlich!"

Alle positiven Gedanken halfen nichts. Ich sah nur eine schwarze Wand vor mir und war im Begriff dagegen zu rennen. Vorsorglich verschenkte ich meine zwei Pistolen einem Sohn, der selber Schütze ist, damit ich nicht noch eine Dummheit damit machte. Ich war nicht nur ratlos, sondern auch enttäuscht, beleidigt, gekränkt, traurig und wusste zum ersten Mal im Leben nicht mehr, was ich tun sollte.

Ich hatte die gleichen Symptome, wie nach dem Krankenhausaufenthalt, nur um vieles stärker.
"Sind sie so heftig, weil ich gleichzeitig wieder starke Rückenschmerzen habe, oder erhalte ich plötzlich vermehrt Rückenschmerzen, weil ich mit der neuen Situation nicht klarkomme?"

Ich hatte damals keine Kenntnisse weder über Lang- noch Kurzzeitfolgen oder sonstigen unerklärlichen Auswirkungen nach einer schweren Krankheit. Ich stellte nur fest, dass etwas Unbekanntes, Doofes mich am Boden niederdrückte, das ich nicht mehr loswerden konnte. Ich fühlte, wie im Spital:
"Das bin ich nicht. Ich kann es nicht mehr abstellen".[16]

---

[16] siehe Kapitel 'Sepsis'

3. Therapie

Schutzmantel

Ich wollte niemandem meine Probleme anvertrauen und Rita konnte anfänglich meine Reaktionen überhaupt nicht verstehen. Der Versuch, selbst mit meinen Problemen klarzukommen, scheiterte allerdings daran, dass ich nicht wusste, was mich befallen hat und wo ich anfangen soll. Mir wurde bewusst, dass ich nun professionelle Hilfe benötige, um die Hintergründe und Besonderheiten der ekelhaften Gefühle zu verstehen, denn so kann es nicht weiter gehen! Ich wusste nicht wie und wer, doch beim eher chaotischen Stöbern im Internet stiess ich zufällig auf die Website einer Psychotherapeutin in Basel und habe ihr mitten in der Nacht ein langes Mail geschrieben. Ja, ich weiss, im Spital sagte ich zum Therapeuten, dass ich nicht viel von Psychotherapie halte. Aber jetzt spürte ich sofort: Diese Frau muss mir helfen! Es schien meine einzige Hoffnung zu sein, wie ich da wieder herauskomme. Der letzte Strohhalm, der mich vom Ertrinken retten soll.

Allerdings kostete mich der Gang zur Psychotherapeutin grosse Überwindung. Einerseits ging es gegen mein Naturell, meine persönlichen Probleme anderen mitzuteilen. Ich war gewohnt, mit meinen Problemen selbst klarzukommen nach dem Motto: "Es gibt immer eine Lösung", was bis vor Kurzem auch der Fall war. Andererseits besteht weit verbreitet das Vorurteil, dass wer eine Psychotherapie braucht, nicht mehr ganz dicht im "Oberstübli" sei, was ich manchmal von mir selber allerdings auch beinahe glaubte.

Die Praxis war hell und freundlich. Wir sassen in zwei bequemen Polstersessel mit hohen Rückenlehnen einander gegenüber. Wir redeten viel, das heisst, das Reden lag vorwiegend bei mir. Ich wusste gar nicht, dass ich so viel über mich selber erzählen kann. Oft musste ich weinen. Es war mir erstaunlicherweise gar nicht peinlich. Die Therapeutin hielt den Kopf etwas schräg und schaute mich lächelnd an. Sie zeigte nur auf das neben mir stehende Tischchen mit den Papiertaschentüchern. Ich war überrascht, wie viel Vertrauen ich zu dieser Frau fand und dachte: "Zum Glück muss sie mir zuhören, das ist ja ihre Aufgabe."

Wir sprachen in vielen Treffen über viele Themen, die für meine Emotionsausbrüche eine Rolle gespielt haben könnten. Dabei erzählte ich ihr wahrscheinlich von meinem ganzen Leben. Vom kleinen tapferen Bub, der aber oft weinte und in den Ferien immer Heimweh hatte, der Lieder sang, um die Angst zu überwinden, wenn er alleine im dunklen Keller etwas holen musste; von den Eltern, die ständig Streit hatten, vom Vater der für mich unerwartet plötzlich von zuhause auszog, von meinen drei Geschwistern, die immer gut zu mir, ihrem kleinsten Bruder waren; vom Versagen in der Schule und von allen anderen Dingen, die immer viel interessanter als die Schule waren; vom späten Erfolg im Ingenieurstudium; von der Freude und Karriere im Beruf; von meiner lieben Familie und den vier Buben; von der Bedeutung des Musizierens für mein Leben; vom Spital, vom seltsamen Traum, von den Schmerzen und vom psychischen Sturzflug, der mich zur Psychotherapeutin brachte.

Das erste Thema betraf meine überempfindliche Sensibilität. Warum gibt es heute Situationen, die ich früher mit normaler Anteilnahme zur Kenntnis nahm, die mich heute aber stark aufwühlen und traurig machen oder die ich kaum ertragen kann? Die Eindrücke prasseln wie ein Hagelregen derart auf mich ein, als ob ich im überraschenden Gewitter meinen Mantel, der mich vor dem Unwetter schützen sollte, zu Hause vergessen hätte.

Jeder Mensch muss im Lauf seines Lebens immer wieder seine Wünsche und Vorstellungen der Umwelt, der Familie, der Gesellschaft anpassen. Er wird auch immer wieder enttäuscht. Schon das Kleinkind muss sich lautstark bemerkbar machen und wird frustriert, weil es sein Fläschchen nicht sofort bekommt. Beim Älterwerden, in Schule, Beruf und Familie, geht es so weiter. Als Junge musste ich immer tapfer sein. Das gehörte sich so.
"Ein richtiger Bub weint doch nicht!"

Ich wollte meinen beiden älteren Brüdern in nichts nachstehen. Als feiner und schmächtiger Junge musste ich mich aber gegenüber anderen Knaben immer wieder behaupten. Es wurde mir später erzählt, dass ich einmal mit zerrissenem Hemd und Hautabschürfungen nach Hause gekommen sei und als Begründung zu meiner entsetzten Mutter nur sagte:
"Der andere hat eben behauptet, er sei stärker als ich."
Mein ältester Bruder fragte ironisch: "Und? Wer war dann wirklich der stärkere?"
"Der andere."
Damit war die Angelegenheit für mich erledigt.

Jeder muss sich behaupten und dabei Angriffe, Demütigungen und Enttäuschungen hinnehmen. Um alles zu überstehen, braucht man Schutzmassnahmen. Man legt sich einen Schutzmantel zu. Je älter der Mensch wird, umso mehr muss er sich gegen die raue Umwelt im Berufs- und Privatleben schützen, umso dichter wird sein Schutzmantel. Nach meinem Spitalaufenthalt fühlte ich mich so, als ob ich diesen Schutzmantel verloren hätte. Ich hatte bei emotionalen Situationen unangenehme, überempfindliche Reaktionen, die ich vorher nicht kannte. Ich musste immer wieder weinen, hatte Heimweh und Angst in der Dunkelheit.

An den Universitäten Ulm und Sussex wurde in einer Studie[17] von Michael Barthelmäs als Erstautor untersucht, warum Menschen in bestimmten Situationen weinen. Anhand von über tausend Berichten konnten die Ereignisse in fünf Kategorien eingeordnet werden: Einsamkeit, Machtlosigkeit, Überforderung, Harmonie und Medien. Der Mensch sei wahrscheinlich das einzige Lebewesen, das in der Lage ist, emotionale Tränen zu vergiessen, das heisst aufgrund von Gefühlen zu weinen. Zum Beispiel Tränen aus Freude, Trauer, Angst oder Wut. Es scheint eine Form zur Kommunikation von Gefühlen zu sein, die nicht anders ausgedrückt werden können. Die Meinung, dass Weinen die Genesung fördere und zu einer positiven Stimmung führe, wird hingegen in mehreren Studien eindeutig infrage gestellt. Es ist vorwiegend von der Art der Studie und von den persönlichen Eigenschaften der Befragten abhängig.

Emotionale Tränen zu vergiessen ist ein Verhalten, das in allen Kulturen vorhanden ist. In unserer westlichen Kultur und meiner damaligen Erziehung

---

[17] Springer Nature Link
Barthelmäs, M., Kesberg, R., Hermann, A. *et al.* Five reasons to cry—FRC: a taxonomy for common antecedents of emotional crying. *Motiv Emot* 46, 404–427 (2022). https://doi.org/10.1007/s11031-022-09938-1

galt das Weinen aber lange Zeit eher als Zeichen der Schwäche.

Ich frage mich heute: "Was war bei mir der Auslöser? Hatte ich Gefühle, die ich nicht aussprechen konnte?" Nach der Therapiestunde schrieb ich folgende Gedanken an meine Therapeutin:

"Warum berühren uns Kinderaugen so stark? Schauen wir da in die noch unberührte Seele? Sehen wir etwas Vollkommenes, was sonst im Leben gar nicht mehr vorkommt? Kann eine Seele, ausser im unvollkommenen menschlichen Körper, gar nicht in ihrer natürlichen Art auf unserer Erde "überleben"? Sie muss sich zwangsläufig, je nach Gegebenheit und Erfahrung, Schicht um Schicht einen Schutzmantel zulegen, der sie von den Widerlichkeiten und gesellschaftlichen Zwängen schützt. Und wenn die Seele am Ende des Lebens zurückgeht (wohin eigentlich?), braucht sie den Schutzmantel ja nicht mehr und legt ihn einfach ab. Aber wenn sie dann im letzten Moment die "Kurve verpasst" und wieder ins Leben zurück darf (oder muss?) ist der Schutzmantel verloren! Der noch vorhandene Körper besitzt dann nur noch Geist, Erfahrung und Wille, die den Weg im wiedererlangten Leben weisen. Das kann je nach Person wie ein Schock wirken. Ich habe schon gelesen, dass Leute daran zerbrochen sind und sich im neuen "alten Leben" nicht mehr zurechtfanden und sich in irgendwelche irrationale Welten zurückzogen.
"Da hat man dann viel davon!"

Der Schutzmantel wird durch den Geist aus seiner Erfahrung geformt. Er wirkt auch gegen innen und lässt nicht jede blöde Emotion hinaus. Wir unterdrücken Emotionen, von de-

nen wir meinen, es gehe niemanden etwas an. Nur grosse Emotionen können den Mantel auch gegen unseren Willen vorübergehend öffnen und herauskommen. Emotionen haben ihren Ursprung aber nicht im Geist, sonst wären sie ja mehr oder weniger überlegte Äusserungen. Emotionen kommen eben spontan. Aber woher kommen sie dann? Vom Körper sicher auch nicht. Es bleibt nur noch die Seele. Aber wenn diese nach dem Zurückkommen keinen Schutzmantel mehr hat, machen die Emotionen was sie wollen. Die Seele lässt alle Empfindungen ungefiltert hinaus, so wie ein Kind alles unüberlegt ausplappert.

Ich sagte Ihnen in der letzten Therapiestunde, dass ich die Emotionen wieder in den Griff bekommen wolle. Aber Sie erwiderten, das sei zu hart formuliert. Ich soll es auf eine freundlichere Art machen. Wenn die Emotionen von der Seele kommen und meine Seele immer noch, oder eben wieder, wie ein Kind ist, kann ich sie natürlich nicht mit hartem Griff anpacken und zurecht schütteln. Dann muss ich sie eher umarmen und trösten. Nur, wie macht man das? Wie kann ich meine eigene Seele, das heisst mich selber, umarmen?"

Sie schrieb zurück:

"Wie sich selber umarmen? Es hilft, laut mit sich, das heisst mit dem Kind in sich, zu reden. Sich mit Worten trösten, sich wahrnehmen, sich die Realität beschreiben, sich Raum geben und Zeit lassen, freundlich mit sich reden. Und dann, vielleicht, etwas tun, was dem Buben von damals Freude machte. Bei mir wäre das Karussell fahren."

Den kleinen Jörgli beruhigen mit: "Komm, wir machen das zusammen, ich helfe dir" scheint wirklich
zu funktionieren! Oder: "Nein, du musst nicht weinen, ich bin ja bei dir." Eigentlich schon komisch,
wenn man sich trösten soll, obwohl man selber
fremden Trost braucht. Ich habe anfänglich gedacht, was ist das jetzt für eine unnütze Theorie,
das bringt doch nichts. Wenn man sich in einer
aussichtslosen Situation glaubt, probiert man aber
auch Sachen, die man sonst als Unsinn auf die
Seite schieben würde.

Ja, ich habe es trotzdem probiert und irgendwie
hat es tatsächlich geholfen. Es scheint eine Methode zu sein, die auch in anderen Situationen Erfolg
versprechen könnte.

Heimweh

Ein weiteres Thema war mein grundloses Heimwehgefühl. Die meisten kennen von Kind her die
Empfindung Heimweh. Auch viele Erwachsene haben Heimweh, obwohl nicht darüber gesprochen
wird. Denn Heimweh ist nur etwas für Kinder. Ausgelöst durch die Trennung von der gewohnten Umgebung ist es die Sehnsucht nach der Heimat oder
dem gewohnten Zuhause. Doch wie fühlt sich
Heimweh als Erwachsener an, wenn man doch
schon daheim ist? Für mich ist es ein undefinierba-
res, lähmendes Gefühl, das ich nicht richtig beschreiben kann, obwohl in der Literatur immer wieder von der Sehnsucht nach der Heimat erzählt
wurde. Die älteste Beschreibung stammt aus dem
8. Jahrhundert v. Chr. Im fünften Gesang des Epos
"Odyssee"[18] vom griechischen Dichter Homer
steht:

> *Dieser (Odysseus) sass am Gestade des*
> *Meeres, und weinte beständig, Ach! In Tränen*
> *verrann sein süsses Leben, voll Sehnsucht*
> *heimzukehren.*

Johannes Hofer, ein Mediziner aus Mülhausen, beschrieb in seiner medizinischen Abhandlung, die
1688 in Basel unter dem Titel "Dissertatio medica
De Nostalgia, Oder Heimwehe" erschien, diese
Gemütsverfassung als Krankheit[19]. Er sah die Ursache als ein Leiden am Losgerissen-Sein des
Menschen aus seiner gewohnten Umwelt. Die Bezeichnung Heimweh kommt aus der Reisläuferzeit.
Sie soll speziell Schweizer Söldner, die weit weg
von ihren heimatlichen Bergen für fremde Mächte

---

[18] DigBib.Org: Die freie digitale Bibliothek:
www.digbib.org/Homer_8JHvChr/De_Odysse_

[19] JL. Bell, Massachusetts:
https://boston1775.blogspot.com/2021/06/when-and-why-
johannes-hofer-wrote-about.html

kämpften, befallen haben. In alten Medizinbüchern wird sie deswegen als morbus helveticus, Schweizer Krankheit bezeichnet mit den Symptomen: Fieber, unregelmässiger Herzschlag, Schwäche, Magenschmerzen, Melancholie. In manchen Fällen kann die Krankheit sogar tödlich enden.

Oha - Da muss ich aber aufpassen!

Das kindliche Heimweh findet sich erstmals 1880 im Kinderbuch »Heidi« von Johanna Spyri. Die ganze Lebensfreude des Mädchens verschwand, als sie aus ihren vertrauten Schweizer Bergen in die anonyme Grossstadt Frankfurt am Main kam. Sie wurde zu einem blassen, abgemagerten und traurigen Mädchen. Heidi leidete offensichtlich an der Krankheit 'Heimweh'. Spyri charakterisiert Heimweh als die unstillbare Sehnsucht nach der verlorenen Heimat. Das Buch fand damals und bis heute grossen Anklang. Infolge dieser Geschichte ist die pädagogische Literatur der ersten Hälfte des 20. Jahrhunderts voller Ratschläge für Eltern und Erzieher, wie heimwehkranken Kindern zu helfen sei.

Im Lexikon für Psychologie und Pädagogik von Werner Stangl[20] wird definiert:

> *Heimweh ist die Sehnsucht eines Menschen in einer ungewohnten psychischen Situation, wieder in eine vertraute Situation zurückzukehren, da diese Situation subjektiv mit einem Verlusterlebnis verbunden scheint. Heimweh bezieht sich daher nicht allein auf eine lokale Abwesenheit, sondern kann sich auch auf weitere psychische Phänomene des Verlustes beziehen. Daher gibt es eine grosse Affinität des Heimwehs zur Nostalgie.*

---

[20] Online Lexikon für Psychologie und Pädagogik: https://lexikon.stangl.eu/25911/heimweh

Eine Unterscheidung zwischen Heimweh und Nostalgie gab es ursprünglich nicht. Johannes Hofer, der den Begriff Nostalgie prägte, verwendete im Titel seiner Dissertation noch beide Begriffe gleichbedeutend: "Dissertatio medica De Nostalgia, Oder Heimwehe".[19] Heimweh bezog sich immer auf die Sehnsucht in der Fremde, wieder zu Hause oder in der verlassenen Heimat zu sein. Doch was ist Nostalgie?

Rudolf Bernet, emeritierter Professor für Philosophie an der Universität Leuven in Belgien, unterscheidet in seinen Betrachtungen über Heimweh und Nostalgie[21] die Sehnsucht nach einem Ort von der Sehnsucht nach einer Erfahrung in der Vergangenheit und bezeichnet diese als Nostalgie. Es sei ein unrealisiertes und unrealisierbares Begehren nach einer Aufhebung der vergänglichen Zeit. Man sehnt sich schmerzlich nach der verlorenen Zeit sowie nach den unwiederbringlich vergangenen Erfahrungen. Eine Art Heimweh nach einer anderen Zeit.

Im Digitalen Wörterbuch der deutschen Sprache DWDS[22] wird Nostalgie als "eine wehmütige, sehnsuchtsvolle Rückbesinnung auf eine idealisierte vergangene Zeit bezeichnet." Das Objekt der Sehnsucht ist danach weniger ein verlorener Ort als vielmehr eine verlorene Zeit.

Habe ich etwa nicht Heimweh nach einem verlorenen Ort, sondern Heimweh nach einer verlorenen Zeit? Habe ich eine Zeit verloren, weil ich immer wieder schlechte Erinnerungen absichtlich tief un-

---

21 Rudolf Bernet: Heimweh und Nostalgie
https://www.transcript-verlag.de/chunk_detail_seite.php?doi=10.14361%2F9783839406984-005

22 DWDS Der deutsche Wortschatz von 1600 bis heute:
https://www.dwds.de/wb/Nostalgie

ten vergraben und dabei die guten gleich mit ein-
gepackt habe?

Die Therapeutin vermutete, dass es in meiner Jugend Hinweise gibt, die meine Überreaktionen erklären könnten. Sie ermutigte mich, aus meiner Jugend zu erzählen. Doch ich musste etwas be-
schämt zugeben, dass mir gar nichts Passendes in
den Sinn kommt.
"Ja, Heimweh hatte ich immer wieder, aber mir
ging es zu Hause eigentlich gut".

Ich war der Jüngste in der Familie und hatte drei
Geschwister, zwei Brüder und eine Schwester. Die
Eltern hatten uns lieb und wollten sicher jederzeit
nur das Beste für uns, doch miteinander hatten sie
kein gutes Verhältnis. Sie machten einander immer
wieder über irgendwelche unwichtige, belanglose
Dinge oder für uns nebensächliche Ereignisse Vorwürfe. Dabei hatte natürlich immer jeder dem anderen die Schuld zugeschoben. Das war vielleicht
auch ein Grund, warum wir Knaben zeitweise in
ein Internat "ausgelagert" wurden.

Wahrscheinlich war ich
noch zu jung, um alles zu
verstehen, was zu Hause
vor sich ging. Vielleicht
wollte ich auch bewusst
nichts davon in mein Le-
ben lassen. Ich bin lieber
in eine eigene Welt einge-
taucht, indem ich Flug-
und Schiffsmodelle baute.
Zudem las ich jede Menge
Jugendbücher oder später
auch Bücher der klassi-
schen Literatur und noch viel mehr schwarze und
rote Krimis. Es waren hauptsächlich Taschenbü-
cher, die ich mit meinem bescheidenen Taschen-

geld erwerben konnte. Es stehen heute immer noch mehr als zwei Meter davon in meinem Bücherregal. Oft habe ich auch selber Geschichten aus meinem Leben oder aus einer eigenen Fantasiewelt aufgeschrieben. Irgendwo in einer realen alten Schachtel, müsste ich sie vielleicht noch irgendwann entdecken. Allerdings habe ich schon den ganzen Estrich durchwühlt und nichts gefunden.

Bei unseren Eltern ging es meistens um das Haushaltgeld. Mein Vater war Leiter einer Bankfiliale in Basel. Er wurde von fremden Leuten mit Herr Direktor angesprochen und meine Mutter fühlte sich sehr geschmeichelt, wenn man sie mit Frau Direktor anredete. Das war früher so üblich. Einmal erfuhr ich, dass mein Vater im Monat 2000 Franken verdient und ich dachte: "Wenn ich einmal so viel Geld verdiene, bin ich ein gemachter Mann." Aber angesichts der Tatsache, dass meine Mutter nicht so sparsam war, sie war ja schliesslich die Frau Direktor, und die normale Schule für uns Söhne zu wenig gut war, reichte das Geld nicht für andere "grosse Sprünge". Obwohl der Migros-Wagen[23] absichtlich genau vor unserer Haustüre hielt, weil meine Mutter die einzige in der Strasse war, die nicht bei ihm einkaufte, ging sie immer zu dieser Zeit demonstrativ beim Migros-Wagen vorbei, um zu zeigen, dass sie es nicht nötig habe, das "billige Zeug" zu kaufen. Sie marschierte dann in das 'Dorflädeli' 500 Meter weiter. Zu Hause allerdings musste sie jeden Franken des Haushaltsgeldes in ein Kassabuch schreiben und dem Vater Ende Monat vorlegen. Dazu benutzte sie den Sekretär, ein grosser, schöner, alter Kasten mit einer Klappe als

---

[23] Schweizerisches Nationalmuseum, Geschichte der Schweiz, Migros, der rollende Laden: https://blog.nationalmuseum.ch/2019/12/migros-der-rollende-laden/

Arbeitsfläche und vielen kleinen Schubladen. Dieses Möbelstück hatte mein Vater von seinem Onkel Anton nach dessen Tod erhalten. Später hatte er es mir gegeben und ich habe es von einem Möbelschreiner auffrischen lassen. Es steht jetzt in meinem Zimmer, wo ich es täglich brauche. Ich denke fast jeden Tag, es hätten sich beide Eltern etwas mehr Mühe geben können, miteinander auszukommen. Wenn wir Kinder untereinander Streit hatten und jeder sagte, der andere sei schuld, schoben die Eltern das Problem jeweils einfach auf die Seite mit dem Satz:

"Es braucht immer zwei zum Streiten."

Danach mussten wir selber schauen, dass wir untereinander wieder auskamen. Warum konnten das unsere Eltern nicht?

Wann das Ferienheimweh angefangen hat, weiss ich nicht. Man könnte ja denken, ich hätte froh sein sollen, wenn ich von zu Hause weg durfte. Doch zu Hause war es immer noch am schönsten und so hatte ich jedes mal Heimweh, wenn ich nicht zu Hause war. Dies aber nur am Abend. Am Tag war ich ein fröhlicher Junge, mit vielen Flausen im Kopf, denn es war immer etwas los. Wenn einmal nichts los war, sorgte ich ganz sicher selber für irgendwelche interessante Erlebnisse, wie zum Beispiel in den nachfolgenden Erzählungen.

Die Hornisse

Das mehrstöckige Ferienhaus steht nahe am Wald. Es wirkt behäbig und gross. Die dunkelbraunen Fensterläden verstecken sich im Schatten des schweren, breit ausladenden Dachs. Es ist ein Ferienhaus speziell für Kinder. Für kranke Kinder. In der Primarschule, ich war in der zweiten Klasse, wurden wir auf Tuberkulose geprüft. Tuberkulose war eine gefürchtete Lungenkrankheit, gegen die es kein wirksames Medikament gab. Der Test war bei mir nicht eindeutig und so wollte der Schularzt, dass ich vorsorglich eine Höhenlufttherapie in Langenbruck mache. Schon seit fast 100 Jahren gäbe es in Davos Lungensanatorien, weil ein berühmter Arzt herausgefunden hatte, dass Höhenluft die Auswirkung der Tuberkulose vermindert. So hat es meine Mutter im Postauto erzählt. Auch in Langenbruck würde ich in der guten Luft bald wieder gesund werden.

"Bin ich denn krank? Ich habe gar nichts bemerkt. Du hast doch gesagt, ich gehe in die Ferien, nicht in ein Sanatorium".

Im Garten sehe ich viele Kinder. Sie springen herum und lachen.

"Natürlich gehst du in die Ferien. Hier wird es dir sicher gefallen".

Es hat mir aber nicht gefallen. Wenn ich an einen neuen, fremden Ort komme, habe ich immer ein komisches Gefühl im Bauch. Egal, ob es mir gefällt oder nicht, ich würde lieber schon wieder zu Hause sein.

Die Kinder begrüssten mich freudig und ja, tagsüber hatte es mir gut gefallen. Es war immer etwas los und ich hatte keine Zeit für trübe Gedanken. Wir spielten jeden Tag im grossen Garten oder rannten um das ganze Haus herum. Auf den Dachboden durften wir allerdings nicht. Da soll es ein Hornissennest geben. Die Tiere seien so gross wie eine Faust und alle hatten Angst vor ihnen. Und wenn einer sich beim Spielen oder bei einem Streich nicht traute, dies oder jenes zu machen, wurde er grossmäulig gehänselt: "Du traust dich ja nicht einmal auf den Estrich!", obwohl sicher noch nie jemand dort oben war. Ich war ein schmächtiger Bub, der mit den Grösseren nicht immer mithalten konnte. Dafür war ich schnell und verstand es, immer im richtigen Moment flink auszuweichen. Aber so einen Vorwurf konnte ich nicht auf mir sitzen lassen. Angst hatte ich schon, aber zugeben wollte ich das nicht. Ich hatte noch nie eine Hornisse gesehen.

"Die können sogar ein Ross töten" sagten sie und so stark wie ein Pferd bin ich ja wirklich nicht. Aber ich prahlte damit, dass wir zu Hause jedes Jahr Wespennester unter den Dachziegeln haben.

"Mein Vater zündet sich jeweils einen seiner grossen Stumpen an und bläst den Rauch unter die Ziegel. Dann nimmt er die Nester mit blosser Hand und wirft sie in einen Kessel mit heissem Wasser. Wespen fürchten sich vor dem Rauch. Sie fliegen davon und haben meinen Vater noch nie gestochen. Bei Hornissen ist das sicher auch so. Wenn ich jetzt so einen stinkenden Stumpen hätte, wäre das überhaupt kein Problem für mich".

Aber so einen stinkenden Stumpen gab es in diesem Kinderheim nicht.

So musste ich mich an einem Nachmittag, als es gerade keine der sonst so aufmerksamen Schwestern bemerkte, begleitet von zwei Se-

kundanten und ohne Zigarre ins oberste
Stockwerk wagen. Dafür war jeder mit einem
Federballschläger bewaffnet, um sich gegen
die wilden Hornissen zu verteidigen. Unten an
der Estrichtreppe war eine schmale Türe, die
etwas klemmte.

"Pst, macht leise, damit uns niemand hört."
Die Treppe war sehr steil. Wir mussten fast
klettern, um hinaufzugelangen.

Jetzt stehen wir oben in einem grossen Raum
direkt unter dem grossen Ziegeldach. Es hat
nur einige beschädigte Kisten und viele, viele
alte, aufeinander gestapelte Schachteln, als
ob sie von einem Lastwagen gekippt worden
wären. Alles ist staubig und düster. Richtig
unheimlich. Ich gehe zwei Schritte vor. Die
beiden anderen sind rechts und links hinter
mir in Deckung, als ob ich so einen grossen
Rücken hätte. Ich habe allerdings ebenfalls
ein mulmiges Gefühl und würde mich lieber
auch hinter einem breiten Rücken verstecken.
Um uns Mut zu machen sage ich:
"Wir sind bereit, wie die alten Eidgenossen,
jeden Angreifer in die Flucht zu schlagen."
So hatte es mein Vater, selber hoher Offizier
in der Schweizer Armee, mit seinem rauchen-
den Stumpen zwischen den Lippen immer gesagt. Aber eben, wir haben keinen rauchen-
den Stumpen und so haben die Hornissen unser Kommen gar nicht bemerkt. Wir schauen
etwas nervös herum. Nach rechts, nach links,
es ist unheimlich still. Immerhin kann keiner
mehr sagen, wir hätten Angst vor den Hornissen.
Doch plötzlich:
"Da, von hinten!"
"Wo?"

Wir drehen uns herum, die Schläger drohend zur Abwehr in der Luft.

"Achtung!" - Wumm

"Au, du Idiot, das war mein Kopf!"

Dann war unser heldenhafter Widerstandswille schon gebrochen. Eine Panik erfasste uns. Wir liessen die Schläger fallen, flohen oder vielmehr stolperten und rutschten mit grossem Gepolter die steile Treppe hinunter. Jeder wollte der Erste sein. Päng - die Tür fest zugeknallt, damit kein fliegendes Ungeheuer uns verfolgen konnte! Oha, da kommt aber schon eine Schwester! Schnell noch eine Treppe weiter hinunter und möglichst unschuldig zum Fenster hinausschauen.

"Was war das für ein Lärm? Was macht ihr hier?"

"Wir haben - au! - Verstecken gespielt".

"Was hast du am Kopf?"

"Nichts. Ich habe beim Verstecken nur ein wenig den Kopf angeschlagen. Es ist nicht schlimm."

"Dann macht, dass ihr raus an die frische Luft kommt."

Unten im Garten frage ich die anderen: "Hast du die Hornisse gesehen?"

"Nein"

"Und du?"

"Auch nicht. Aber da war ganz sicher eine. Das spürt man in den Knochen. Aber das Biest bekam natürlich Angst, als es uns sah".

Danach 'tschutteten' wir draussen im Garten und der Ball ist in die benachbarte Wiese geflogen. Das Gras war sehr hoch. Ich bin dem Ball sofort hinterhergehüpft, aber noch viel schneller wieder rausgerannt. Hinter mir ein Schwarm von Wespen, die ich aufgescheucht hatte. Um meinen Kopf herum schwirrte und summte es wie in einem Töfflimotor. Ich bekam überall Wespenstiche. Eine Krankenschwester musste mich salben und pflegen. Bei den Kindern wurde herumgesprochen, eine Hornisse habe mich gestochen als wir auf dem Dachboden waren, was natürlich nicht stimmte. Ich wusste zwar immer noch nicht, wie Hornissen aussehen, aber Wespen kannte ich ja gut.

Trotz gross angelegter Suchaktion im Garten, blieben am Abend unerklärlicherweise drei Federballschläger verschwunden. Es ist sicher nie wieder jemand auf den Dachboden geschlichen.

In der Nacht hatte ich trotz der täglich interessanten Abenteuer immer so starkes Heimweh, dass die Schwestern sagten, meine Mutter müsse mich wieder nach Hause holen. Vielleicht wurde auch festgestellt, dass ich gar nicht krank war. Egal aus welchem Grund auch immer, wichtig war, dass ich wieder nach Hause durfte. Leider musste der Termin zu meiner Enttäuschung noch zwei Tage verschoben werden, da meine Mutter zur Beerdigung meiner Patin nach Lausanne fahren musste.

Zur Rehabilitierung der imposanten Tiere muss ich heute hinzufügen, dass Hornissen in Wirklichkeit keine angriffslustigen Bestien, sondern friedfertige, scheue Tiere sind. Wie ich viel später gelesen habe, entspricht die Vorstellung über ihre Gefährlichkeit keineswegs den Tatsachen. Die Angst und Panik kommt von der ungerechtfertigten Wahnvorstellung, die 3 bis 4 cm grossen Brummer könnten mit wenigen Stiche einen Menschen, ja sogar ein Pferd töten. Dabei ist ein Stich nicht gefährlicher, höchstens wegen der Grösse etwas schmerzhafter, als der Stich einer Wespe. Ausser ihrer grossen Erscheinung ist nichts an den Hornissen furchterregend. Nur wenn sie sich genötigt sehen, ihr Nest zu verteidigen, werden sie unangenehm, was bekanntlich bei den Wespen genau gleich ist, sofern man keinen stinkenden Stumpen hat. Die Hornissen ernähren sich von Baumsäften oder von überreifen Früchten. Sie jagen Insekten, Wespen, Mücken, Fliegen oder Raupen und halten dadurch diese unangenehmen Insekten von uns fern. Selber haben sie überhaupt kein Interesse an unserem Kuchen oder Eiscreme. Hornissen sind heute sogar gesetzlich geschützt, weil sie vom Aussterben bedroht und für das biologische Gleichgewicht von grosser Bedeutung sind.

Die Alphütte

Vor kurzem fand ich einen Brief, den ich im Alter von zehn Jahren meinem Götti Paul und Tante Hanni geschrieben habe. Darin bedanke ich mich für die schönen Ferien im Bernbiet. Meine Cousine hat ihn mir vor mehreren Jahren zugestellt, nachdem ihr Vater verstorben war. Der Brief erinnert mich an folgende Geschichte:

> Ich durfte mit meinem Götti und seiner Familie in der Nähe von Interlaken auf einem Bauernhof Ferien machen. Das war richtig interessant und aufregend. Wir wohnten im Stöckli gegenüber dem grossen Wohnhaus und konnten jeden Tag im Hof miterleben, was so alles passierte: Kühe, Pferde, Heu, Mist, Hund, Katzen, Hühner. Wir durften bei kleinen Arbeiten auch selber mithelfen. Manchmal machten wir Wanderungen oder mein Götti brachte lebende Fische, die er in einem Bach gefangen hatte. Er setzte sie in einen grossen Zuber, der früher zum Wäschewaschen gebraucht wurde und liess das Wasser ständig ein bisschen hineinplätschern. Das müsse so sein, weil es Bachforellen seien, die viel Sauerstoff brauchen. Es war interessant, ihnen zuzuschauen. Wahrscheinlich hat es ihnen aber nicht gefallen, denn sie mussten immer im Kreis herumschwimmen. Später kamen sie zum Mittagessen auf unsere Teller. Mein Cousin schaute zu, wie sein Vater die Fische präparierte, doch ich wollte nicht dabei sein. Aber sie schmeckten wirklich gut, denn meine Tante war eine sehr gute Köchin. Es war eine schöne Zeit bei ihr. Das waren die einzigen Ferien, wo ich überhaupt nie Heimweh hatte. Jeden Abend erzählte sie in ihrem berner Dialekt eine spannende Geschichte oder sang

mit ihrer schönen Stimme ein lustiges Lied. Sie war Sängerin in einem Chor und konnte sogar jodeln. Das Stöckli war noch neu, mit hellen Räumen. Es soll einmal die Wohnung des Bauern werden, wenn sein Sohn den Hof übernimmt.

Weit oben auf einer Alp hatte der Bauer noch ein Haus: Eine Alphütte, wo ein bärtiger Senn wohnte. Meine Cousine und der Cousin fanden das toll, einmal in einer richtigen Alphütte Ferien zu machen. Wir wanderten hinauf und sahen die Alphütte schon von weitem. So hoch oben hatte es fast keine Bäume mehr, nur Weideland und viele Kühe. Die Hütte war aussen dunkel und innen unheimlich schwarz. Man konnte sogar am Tag beinahe nichts sehen, Es gab keine elektrische Beleuchtung. Dafür konnte ich nachts zwischen den grossen Balken nach draussen schauen und der kalte Wind blies herein. Ich fand das überhaupt nicht mehr toll, hatte sofort fürchterliches Heimweh und am nächsten Morgen musste mich mein Götti, der nicht verstand, was mit mir los war, wieder ins Tal bringen. Ich war dann ein paar Tage mit meiner Tante alleine im Stöckli. Das war viel schöner.

Der Autoschlauch

Einmal durfte ich ins Jungwachtlager nach Laax in Graubünden. Vor dem grossen Haus gab es einen Garten mit vielen Bäumen. Wenn wir nicht gerade auf einer Wanderung waren, konnten wir dort nicht nur spielen und basteln, sondern auch an langen Tischen essen. Am beliebtesten war Hörnli mit Gehacktem und Apfelmus, das unsere Lagerköchin mit viel Liebe zubereitete. Da stürzten sich immer alle darauf, nur ich hielt mich zurück. Ich habe dann versucht, Hörnli und Gehacktes vorweg zu essen und dann Apfelmus als Dessert. So schmeckte es gut. Aber wenn alles auf ein mal geschöpft und dann erst noch vermischt wurde, war es für mich ein Graus. Fast so schlimm wie Spinat. Aber das übrige Lagerleben war toll, es war immer etwas los, mit Spielen, Wanderen Basteln oder Malen. Die Tage waren immer viel zu kurz.

Das Baden im kleinen See war sowieso herrlich, auch wenn ich einmal fast ertrunken wäre. Ich konnte noch nicht schwimmen und paddelte in einem aufgeblasenen Autoschlauch herum. Plötzlich bin ich hineingerutscht und mit den Beinen kopfüber hängen geblieben. Das Wasser war nicht tief, aber ich konnte meine Beine nicht mehr aus dem Ring ziehen und sah nur noch Luftblasen aufsteigen. Mein Bruder war in der Nähe und hat mich sofort aus der misslichen Lage befreit. Er hielt mich so lange fest, bis ich all das Wasser wieder ausgepustet hatte.

Der Lageraufenthalt wurde für mich aber vorzeitig abgebrochen, denn in den Nächten plagte mich immer wieder starkes Heimweh. Als einer der Leiter, dies einmal bemerkte, nahm er mich aus dem Schlafsaal. Wir sassen auf einer Bank im Gang und er redete mir väterlich zu, um mich zu beruhigen, obwohl er nicht viel älter als mein ältester Bruder war. Er wurde viele Jahre später ein beliebter Pfarrer in einer Nachbargemeinde. Rita und ich hatten bis zu seinem frühen Tod freundschaftlichen Kontakt mit ihm. Allerdings entschied damals die Lagerleitung, dass es besser sei, wenn mich die Eltern vorzeitig nach Hause holen würden.

Die Heirat

Das Heimweh blieb mir noch lange erhalten. Immer, wenn ich an einem fremden Ort übernachtete, musste ich das Gefühl in mir unterdrücken. Natürlich war es nicht mehr so offensichtlich. Einfach immer so ein ungutes, merkwürdiges Gefühl, das ich sogar in der Rekrutenschule spürte. Jeden Abend in der Beiz mit Bier voll laufen zu lassen, wie dies viele Rekruten taten, war mir zu blöd und zu teuer. Da waren für mich die Nachteinsätze sehr willkommen oder ich meldete mich, zur Verwunderung meiner Kameraden, freiwillig zur Nachtwache. Tagsüber war immer Action oder wir hatten in unserer Gruppe zum Leidwesen des Korporals selber dafür gesorgt, dass ständig etwas Ungeplantes und Abwechslungsreiches geschah. Ich war sehr interessiert, habe viel gelernt und wusste bald mehr über die technischen Geräte, die wir bedienen mussten, als meine Vorgesetzten. Bei Kompanietests schloss unsere Gruppe zum Erstaunen des Korporals immer als Beste ab, obwohl wir seine Befehle nie so ausführten, wie er es wollte. Als Dank für "seine" guten Leistungen konnte er dafür später Offizier werden.

Oft erhielt ich liebevolle Briefe von meiner Freundin, die ich dann auf der Nachtwache beantworten konnte. Das war immer schön und ein richtiger Aufsteller. Alle ihre Briefe habe ich natürlich fein säuberlich, nicht in einer Schachtel, sondern in einem dicken Umschlag aufbewahrt. Ihr Foto hängt auch immer noch in einem schönen Rahmen in meinem Zimmer. Viel später fragte mich einmal einer der Söhne:

"Wer ist eigentlich diese hübsche junge Frau?"
"Gefällt sie dir? Das ist meine ehemalige Freundin" sagte ich schmunzelnd.
"Ach ja? Und Du hängst das Bild immer noch auf?"

"Warum nicht, das ist ja jetzt deine Mutter."

Erst nach der Heirat hatte ich das Heimweh verloren. So eine Heirat ist ja schon etwas Tolles! Aber
nach meinem Aufenthalt im Krankenhaus mit der
schweren Blutvergiftung hat leider alles wieder angefangen.

Emotionen

Was sind Emotionen? Im Internet gibt es auch dafür wieder viele Erklärungen. Es wird zwar immer wieder erwähnt, dass es keine allgemein gültige, wissenschaftliche Definition für den Begriff "Emotion" gibt und doch weiss jeder, was Emotionen sind. Aber jeder definiert sie anders und vermischt verschiedene Ausdrücke für ein und dieselbe Definition. Man kann die Emotionen nicht greifen, nur beschreiben. Doch auch das Beschreiben ist nicht einfach und man weiss nicht wirklich, was ein anderer Mensch fühlt, wenn er seine Traurigkeit oder Freude beschreibt. Man kann sie nur mit eigenen, ähnlichen Gefühlen vergleichen. Die Wissenschaft behilft sich mit sogenannten Arbeitsdefinitionen. Man geht davon aus, dass durch das Arbeiten, d.h. durch empirische Forschung, die Definition sich von selbst ergibt.[24] Gemäss einer weltweit angelegten Studie von Dr. Ekman[25] gibt es universelle, kulturübergreifend identische Emotionen. Daraus leitet er ab, dass sie angeboren sind und somit zu unserem evolutionären Erbe gehören. Die sieben universellen Basisemotionen nach Ekman sind: Freude, Wut Verachtung, Ekel, Trauer, Überraschung, Angst.

Der Sozialpsychologe und Konfliktforscher Prof. Dr. Ulrich Wagner[26] von der Universität Marburg schreibt, dass Emotionen nicht grundlos entstehen. Sie sind Reaktionen und Bewertungen auf Ereignisse, die um uns herum passieren. Sie können

---

[24] J.Funke (2003). Unterrichtsmaterialien zur Vorlesung Allgemeine Psychologie. Heidelberg: Psychologisches Institut, Ruprecht-Karls-Universität Heidelberg: www.psychologie.uni-heidelberg.de/ae/allg/lehre/wct/e/E11/E1113dri.html
[25] Dr. Paul Ekman: www.paulekman.com/
[26] Prof.Dr. Ulrich Wagner: www.uni-marburg.de/de/fb04/team-cohrs/team/ulrich-wagner

auch lange im Gedächtnis bleiben und gelernt sein. Wenn wir zum Beispiel früher eine Erfahrung mit etwas gemacht haben, kann eine ähnliche Erfahrung auch später wieder ähnliche Reaktionen auslösen. Wieder andere Emotionen sind einfach abgeschaut. Wir lachen und freuen uns, wenn andere lachen. Jede Emotion ruft eine körperliche Reaktion hervor. Je intensiver die Gefühlsregung ist, umso deutlicher reagieren wir. Wir können lächeln oder lachen. Wir weinen vor Freude oder vor Wut, bekommen Tränen aus Rührung, schluchzen vor Trauer oder Enttäuschung. Starke Emotionen können uns auch derart beeinflussen, dass es schwerfällt, sie unter Kontrolle zu halten.

Als ich jung war, hatte der Umgang mit Emotionen in der Gesellschaft und in der Erziehung keinen Stellenwert. Stattdessen wurde eingeredet, dass es Gefühle und Emotionen gibt, die man unterdrücken soll.
"Ein tapferer Bub weint doch nicht!".
"Ein rechter Mann braucht eine harte Schale".
"Man(n) zeigt seine Emotionen nicht."
Heute setzt man immer noch lieber ein Pokerface auf, als Emotionen zu zeigen. Das ist cool. Die Unterdrückung von Emotionen und Gefühlen ist aber keine angemessene Methode, um mit ihnen umzugehen. Im Gegenteil, wenn man Emotionen und Gefühle unterdrückt oder ignoriert, werden sie sich einfach zu einem späteren Zeitpunkt erneut bemerkbar machen, so wie dies Prof. Wagner sagte und ich selbst erfuhr. Daher musste ich zuerst verstehen und akzeptieren, dass alle meine Emotionen das Recht haben zu existieren und sich auszudrücken. Heute sehe ich ein, dass Emotionen auch einen Platz in meinem Leben brauchen. Durch diese Akzeptanz hoffe ich, dass es mir einfacher fällt, mit ihnen umzugehen.

Es gibt immer eine Ursache für die Emotionen. Sie kommen nicht einfach nur so grundlos. Wir spüren auch immer sowohl positive als auch negative Auswirkungen auf unseren Körper und unser Handeln. Man kann die Emotionen aber deswegen nicht in gute oder schlechte Emotionen einteilen. So musste ich mir zuerst bewusst werden, welche mit "normalen" Situationen im Leben zusammenhängen, wie Wut, Verlust, Traurigkeit. Es gibt in meinem Emotionen-Portfolio aber auch Emotionen, die ich keiner begründeten Situation zuordnen kann. Wieso Heimweh, wenn ich doch daheim bin? Wieso Tränen, wenn andere glücklich sind? Es ist schwierig, damit umzugehen, wenn ich das "Warum" nicht beantworten kann. Wenn ich mich mit Musik beschäftige, sei es akustisch mit dem Instrument oder am Computer mit Arrangieren, macht sich das unerwünschte Gefühl nicht bemerkbar. Möglicherweise ist der Grund aber auch einfach, dass ich mich mit etwas beschäftige, was mich interessiert und mir Spass macht.

Diese Emotionen sind zum Glück heute nach mittlerweile fünf Jahren stark abgeschwächt. Ich weiss aber nicht, ob ich mit ihnen wirklich intelligent umgehen kann oder ob ich sie einfach wieder unterdrücken, ignorieren und in einer Schachtel loswerden sollte.

Dazu kommt, dass starke Emotionen auch körperliche Auswirkungen haben. Das Spektrum möglicher Symptome soll sehr breit sein, wobei Rückenschmerzen scheinbar am häufigsten auftreten. Dr. Afton Hassett,[27] Direktorin der klinischen Schmerzforschung am Back & Pain Center an der Universität von Michigan, konzentriert sich in ihrer Arbeit

---

[27] Afton Hassett, Psy.D.:
https://medicine.umich.edu/dept/pain-research/afton-hassett-psyd#websites

auf die Erforschung positiver Emotionen bei Menschen mit Schmerzen. Sie weist darauf hin, dass Menschen, die ihre Emotionen lange Zeit unterdrückten, tendenziell überempfindlich gegen Schmerzen sind. Es scheint, dass ich zu diesen Menschen gehöre und die Emotionen aus der Kindheit lange ignoriert und unterdrückt habe. Infolge eines ausserordentlichen Ereignisses machen sich die Emotionen nach so langer Zeit wieder bemerkbar. Dabei haben sie die latent vorhandenen Rückenprobleme als extrem starke Schmerzen zum Ausbruch gebracht. Diese wiederum verstärkten die unangenehmen, demotivierenden Emotionen, was das bereits erwähnte Schmerz-Emotionen-Karussell mit der schier hoffnungslosen Schmerzintensität ergab. Heute kenne ich diesen Zusammenhang und versuche, das eine nicht gegen das andere auszuspielen.

Mein Ziel, das unerwünschte "Long-Sepsis" wieder los zu werden, habe ich leider nicht ganz erreicht. Einiges konnte ich wieder abgeben, z.B. die Angst alleine zu sein oder die Angst in der Dunkelheit. Auch das Heimweh geht zurück. Aber das Weinen werde ich nicht richtig los. Ich dachte, dass ich meinen Schutzmantel nicht mehr bräuchte und legte ihn irgendwo ab. Jetzt habe ich wieder einen neuen, der allerdings noch sehr dünn ist. Die Emotionen sind leider immer noch da, aber nicht meine besten Freunde. Am liebsten würde ich alle in alter Manier in einer festen Schachtel verschwinden lassen und zuhinterst in den Estrich stellen. Doch ich versuche, die unerwünschten Emotionen in aufbauende, motivierende Emotionen zu verwandeln. Erst jetzt habe ich verstanden, dass ich einige der Emotionen als einen Teil meines Lebens annehmen muss.

Schmerzen

Früher hatte ich selten Schmerzen. Vielleicht einmal Kopfschmerzen oder wenn ich mich irgendwo angeschlagen hatte oder nach einer Rauferei als Andenken ein paar Schürfwunden nach Hause brachte. Meistens achtete ich mich nicht sehr darauf. Doch seit meinem Aufenthalt im Krankenhaus machten sich gleichzeitig zur Long-Sepsis immer wieder irgendwo Schmerzen unangenehm und auffallend störend bemerkbar.
Haben die Schmerzen einen Zusammenhang mit meiner Krankheit?

Ein akuter Schmerz ist üblicherweise ein Alarmzeichen für eine Verletzung oder Krankheit und zeigt an, dass man Massnahmen ergreifen muss, zum Beispiel den Finger sofort von der Kerzenflamme zurückziehen, oder sich mit der Ursache befassen, um ein Leiden zu vermeiden oder zu mindern. Es scheint mir aber, dass Emotionen nicht nur geistiges Verhalten, sondern auch körperliche Gesundheit stark beeinflussen und umgekehrt. Wenn mich Schmerzen plagen, sehe ich alles schwarz. Ich habe keine Lust, etwas zu unternehmen und fühle mich alt. Wenn ich mich dann schlecht fühle, kommen noch mehr Schmerzen und ich denke, das geht ja nie vorbei. Die unsinnigen Schmerzen müssen unbedingt weg, damit ich meinen Emotionen beikomme und die Emotionen müssen weg, damit ich meine Schmerzen in den Griff bekomme. Vielleicht hilft es, wenn ich versuche, wie beim Thema Heimweh, mich an ähnliche Erfahrungen in der Vergangenheit zu erinnern.

Kaffeekasse

Jahre zuvor hatten wir in der Verwaltung unserer Firma eine Kaffeekasse. Für jede Auto-
matentunke, wie ich das schwarze Getränk
aus dem Kaffeeautomaten bezeichnete,
mussten wir etwas bezahlen. Es wurde immer
rege getrunken, so schlecht war er scheinbar
auch wieder nicht. Man gewöhnt sich eben
daran. So konnten unsere zwei Kaffee-Tan-
ten, wie wir die beiden Organisatorinnen
nannten, mit dem Überschuss jedes Jahr einen Ausflug organisieren. Vor 25 Jahren waren wir im Berner Oberland und fuhren mit der
ältesten Standseilbahn von Europa, erbaut
1879, vom Brienzersee zum 100 Meter höher
gelegenen Grandhotel Giessbach, nicht weit
neben den Giessbachfällen.

Der Giessbach entspringt im "Chessel" zwischen
dem "Gärstenhoren" und "Schwarzhoren" auf ca.
2600 m ü.M. Nach der langen Giessbachschlucht
tritt er hoch über dem Brienzersee aus der Berg-
flanke und stürzt in mehrstufigen Wasserfällen mit
insgesamt 14 Kaskaden insgesamt 330 Meter gegen den Brienzersee hinab.[28]

Wir gingen über einen Fussweg den Felswän-
den entlang zum Wasserfall und sogar unter
den Wasserfall hindurch. Weisse Gischt der
imposant herabstürzenden, tosenden Was-
sermassen besprayte unser Gesicht. Durch
das ständige Hinaufstarren wurden meine
Halsmuskeln müde und verkrampften sich.
Ich musste den Kopf mit beiden Händen stüt-
zen.

---

[28] Bundesinventar der Landschaften und Naturdenkmäler von
nationaler Bedeutung BLN 1511 Giessbach

Später wanderten wir auf dem schönen Ufer-
weg entlang dem Brienzersee nach Iseltwald.
Der See lag uns zur rechten Seite und die
blaue Wasserfläche blinzelte durch das dichte
Schilf.

"Vielleicht sehe ich noch einen Wasservogel.
Hat sich da nicht etwas bewegt?"

Ich schaue mit einer schnellen Kopfbewegung
genauer hin. Gleichzeitig spürte ich jäh einen
heftigen Schmerz in der linken Schulter, der
sich über den ganzen linken Arm ausbreitete.
Der Arm wurde ganz lahm und ich konnte in
plötzlich nicht mehr bewegen.

Was ist denn das? Das hatte ich noch nie!
Achtung: Linke Schulter, linker Arm, das ist
ein Alarmzeichen! Blitzartig überlegte ich: Wie
hiess das schon wieder bei einem Schlaganfall?

BE FAST
Balance? i.O.
Eye? i.O.
Face? i.O.
Arm lahm? Ja! - Oha, das ist nicht gut!
Aber der Schmerz vergeht langsam wieder
und der Arm lässt sich auch wieder bewegen.
Sprachstörung? Nein.
Time schon lange? Nein.

Oder etwa Herzinfarkt:
Schmerzen in der Brust, Schweiss, Übelkeit,
Atemnot?
Nein, alles i.O.

Uff. Erleichterung!

Ein Mitarbeiter fragte: "Was hast du denn gesehen? Eine Wasserleiche? Du bist ja ganz bleich. Ist dir nicht gut? "

"Oh nichts. Alles i.O. Ich habe nur eine dumme Bewegung gemacht."

Wirklich i.O. war das allerdings überhaupt nicht. In den nächsten Tagen hatte ich sporadisch den gleichen heftigen Schmerz, als ob mir plötzlich jemand ein Messer in die Schulter stechen würde und ich manchmal kurz zusammenzuckte oder stöhnte. Bei der Arbeit am Bürotisch, bei Besprechungen, beim Vortragen von Präsentationen, in der Freizeit, am Fernsehen oder auch sonstwo. Auf entsprechende Fragen sagte ich meistens:

"Och, das ist nicht so schlimm. Ich werde eben auch langsam älter."

Nach meiner Sepsis häuften sich aber die Schmerzen in meinen Schultern und wurden stärker.

Scheinbar wurde ich nach meinem Spitalaufenthalt nicht nur langsamer, sondern eher schneller älter.

Ich fragte mich immer wieder, ist dies etwa eine Folge meiner Halskehre unter dem Giesbachfall? Mehrere Medizinal-Massagen hatten keine Wirkung.

Die Masseurin schickte mich zu einer Chiropraktikerin. Ihr Röntgenbild zeigte eine Verkrümmung und Abnutzung der Halswirbel. Da könne sie nichts machen. Sie schickte mich zu einer Physiotherapeutin, um meine Nackenmuskulatur gezielt zu stärken.

Die Physiotherapeutin bemängelte als Erstes gleich meine Haltung:
"Stehen sie nicht so krumm vor mir!"
Also, das hat mir auch noch niemand gesagt! Ich stehe doch gerade.

"Sie müssen den Hals strecken, als ob sie jemand an den Haaren nach oben ziehen würde."
Ich strich über meinen 4-mm-Haarschnitt und schaute sie fragend an.
"Sie dürfen das nicht so wörtlich nehmen" lachte sie, "aber gleichzeitig müssen sie das Kinn nach hinten drücken und die Schultern senken."
Das werde ich ja wohl können, dachte ich.
Aber sie war auch damit nicht zufrieden.

"Senken geht nach unten."
Aha - diese Erkenntnis ist ja interessant.

Sie tippte seitlich an meinen Rücken. "Ziehen sie einmal genau diesen Muskel zusammen."

"??? Genau welchen ???"

Sie führte mich vor ein fast lebensgrosses Schaubild von der Rückenmuskulatur und zeigte auf den fraglichen Muskel.
Ich versuchte es nochmals.

"Dieses Abbild ist sicher von einem Bodybuilder. Aber ich habe da keine Muskeln."
"Doch, natürlich haben sie hier auch Muskeln. Sie müssen sich die Muskeln nur vorstellen und fest daran denken, dann geht es schon".

Als Teenager und junger Mann machte ich viel Sport: Leichtathletik, Speerwerfen und Langstreckenschwimmen. Ich habe damals sicher alle Muskeln betätigt, aber nicht jedes Mal überlegt, welche gerade wofür gebraucht werden, höchstens nach einem Muskelkater. Jetzt sollte ich plötzlich genau einem einzelnen Muskel sagen, er solle sich einfach 'mal ein wenig zusammenziehen. Ich hätte nie gedacht, dass ich mir dazu sogar Überlegungen anstellen müsste.

"Das geht bei mir nicht, da ist die Kommunikationsleitung kaputt."

Nein, auch diese Ausrede wurde nicht akzeptiert und die Therapeutin trainierte mit mir in mehreren Therapiestunden, wie ich die Schultern senken, den Hals strecken, die Muskeln stärken und den stechenden Schmerz schnell lindern konnte. Durch intensive Massage lockerte sie die Nackenmuskulatur, die sich als Abwehrreaktion gegen die leicht verkrümmten Halswirbel verhärtet hatte.

> Einmal spürte ich im rechten Oberarm heftige Schmerzen bis in die Fingerspitzen. Die Therapeutin massierte irgendwelche mir wieder unbekannte Muskeln irgendwo an meiner linken Schulter.
> "Tut das gut?"
> "Ja schon, natürlich. Aber ich habe eigentlich im rechten Arm Schmerzen, nicht in der linken Schulter."
> "Ja - Immer noch?"
> "Hm - n-nein, eigentlich nicht mehr."

Spätestens jetzt habe ich gelernt, dass der menschliche Körper voller Überraschungen ist. Man hat Muskeln, die man erst hat, wenn man sich die Muskeln vorstellt und hat Schmerzen dort, wo man gar keine Schmerzen hat. Für mich als Techniker war das etwas mysteriös. Aber recht hatte sie doch.

Diskushernie

Nach meinem Spitalaufenthalt mit der Sepsis tra-
ten verstärkt heftige Rückenschmerzen auf. Mein
neuer Hausarzt versuchte mein Rückenleiden mit
vielen Schmerzmitteln zu heilen. Ich selbst vermutete, die Rückenschmerzen seien eine Folge meiner Nackenschmerzen. Monate später meldete er
mich daher für ein MRI an.

Mit sehr gemischten Gefühlen infolge der
schlechten Erfahrungen aus dem Spital, bin
ich in ein neues Radiologie-Zentrum gefahren
und wie ein alter Mann mit einem Stock zur
Tür gehumpelt. Das Gebäude war schön und
modern ausgestattet. Früher, wenn ich ein
paar Stockwerke hinauf musste, nahm ich die
Treppe. Aber heute benutzte ich wegen meiner Rückenschmerzen den Lift, um in den
zweiten Stock zu gelangen. Eine Assistentin
stutzte kurz als ich hereinkam und begrüsste
mich dann aber freudig:
"Hallo Herr Sigrist. So trifft man sich wieder."

Ich kannte sie nicht und war ganz verwundert,
dass sie mich gleich so freundschaftlich mit
Namen anredete. Sie hat ihn sicher in den
Unterlagen gelesen. Doch nein, sie habe bis
vor kurzem im Spital gearbeitet und mich dort
beim MRI getroffen.
So ein Zufall!
Scheinbar habe ich vor fast zwei Jahren mit
meinen emotionalen Ausbrüchen[29] richtig
grossen Eindruck gemacht.
"Ja ich kann mich noch gut erinnern. Das hier
ist aber eine ganz neue Maschine, die nicht
so viel Lärm macht. Ich gebe ihnen einen
Helm mit Musik, klassisch, ja? und einem ein-

---

[29] siehe Kapitel 'Sepsis'

gebauten Spiegel," mit einem Augenzwinkern fügte sie hinzu: "So können sie immer schauen, ob wir noch da sind".

Beruhigt atmete ich auf "Dann kann ja nichts schiefgehen".

Die MRI-Tortur und sogar das anschliessend aufmunternde Lächeln der freundlichen Assistentin habe ich tatsächlich unbeschadet überstanden und auch die Angst vor der lärmenden Röhre verloren.

Kurze Zeit danach kam die Diagnose: Bandscheibenvorfall im Kreuz. Nach weiteren schmerzvollen Wochen des Wartens erhielt ich eine Therapie mit Cortison-Spritzen bei dem Schmerzspezialisten, der sich so direkt über meine Sepsis geäussert hatte und mich fragte, wieso ich überhaupt noch hier wäre.[30] Die Spritzen linderten die Schmerzen im Kreuz markant und der Bandscheibenvorfall verschwand sogar wieder, wie sich aber erst später herausstellte. Trotzdem blieben die Schmerzen im linken Bein und der Hausarzt blieb bei seiner Diagnose:
Operation!
Ich hatte aber grosse Bedenken. Dann muss ich ja wieder ins Spital. Und wenn die Operation nicht erfolgreich ist, kann ich nicht mehr gehen. Und wenn ich nicht mehr gehen kann, kann ich nicht mehr stehen. Und wenn ich nicht mehr stehen kann, kann ich nicht mehr musizieren.

"Nein, nur kein Spital!"

Ich sprach mit Bekannten darüber und viele machten mir Angst, indem sie mir erzählten, dass sie selbst oder weitere Bekannte schon operiert worden seien und es immer noch nicht viel besser sei.

---

[30] Siehe im Kapitel 'Nahtoderlebnis?'

Meine Söhne rieten mir, ich solle zuerst alle anderen Möglichkeiten ausloten, wie Physiotherapie, chinesische Medizin, Akupunktur oder Chiropraktik. Jeder wusste was, aber ich wusste trotzdem nicht, an wen ich mich wenden sollte. Weil die Schmerzen im Bein immer stärker wurden, gab mir der Arzt neue, stärkere Medikamente. Von den Nebenwirkungen dieser Medikamente hatte ich aber bald mehr Probleme als von den Schmerzen selber. Sie brachten meinen Körper und Geist komplett durcheinander: Angst beim Einschlafen, Wallungen, Träume, Brechreiz, kein Appetit, hoher Blutdruck und trotzdem ständig starke Schmerzen. Der Arzt war zu allem Überdruss sehr ungeduldig, als ich sagte, die Medikamente würden nichts nützen.

"Noch stärkere gibt es nicht!"
Vielleicht wollte er mich damit auf seine Art zur Zustimmung einer Operation motivieren.

Damokles-Skalpell

Ich suchte Rat bei einer neuen Hausärztin. Sie hatte erst vor kurzem die Praxis meines früheren Hausarztes übernommen und setzte als Erstes meine starken Medikamente ab. Rita brachte eine ganze Menge angefangener Schachteln in die Apotheke zurück. Mit einem neuen Medikament normalisierte sich mein Zustand bald wieder. Aber durch die lange Zeit mit Schmerzen und den vielen starken Medikamenten, die nichts nützten, hatte ich mich falsch bewegt und bekam dadurch noch mehr Schmerzen vom Rücken über das ganze linke Bein bis in die Zehenspitzen. Die Schmerzen stiegen ständig an und wurden so gross, dass das Gehen nur noch mit zwei Stöcken für wenige Schritte möglich war. Kleinste Probleme brachten mich fast zur Verzweiflung. Die Ärztin sagte, bevor man einer Operation zustimmt, sollte man alle anderen Möglichkeiten ausloten.

Aha, das habe ich von meinen Söhnen auch schon gehört.

Eine Operation sei immer etwas Endgültiges und kann nicht rückgängig gemacht werden. Sie empfahl mir, ich solle mich bei der Chiropraktikerin melden, die ich bereits im Zusammenhang mit meinen früheren Nackenschmerzen kannte.

Rita fuhr mich hin, da ich nicht mehr selber Autofahren konnte und ich erschien mühsam humpelnd an zwei Stöcken in der Praxis. Die Chiropraktikerin war auch Sportmedizinerin und untersuchte meinen Rücken sehr genau. Sie bewegte jeden Wirbelkörper von oben angefangen leicht nach rechts und leicht nach links.
Ich hatte plötzlich Bedenken und sagte: "Machen sie nur nichts Dummes mit meinem lä-

dierten Rücken. Die Zeit vom jungen Sportler ist bei mir längst vorbei".

"Nur ruhig! Sagen sie einfach, wenn es weh tut."

Etwa hier? - nein

oder hier? - nein

hier? - immer noch nicht

- nein

- nichts

- ja, ein bisschen, oder nein, doch nicht.

Vielleicht hier? - jj-ja -

und hier? - Autsch!

etwa da? - noch Autscher!!!

Danach sagte sie einen für mich überaus befreienden Satz:

"Ihre starken Schmerzen kommen nicht von der Wirbelsäule und ganz sicher nicht von der Diskushernie. Diese ist schon gar nicht mehr spürbar."

Wow! - Das grosse, Furcht erregende Damokles-Skalpell kann in den Chirurgenschrank versorgt werden. Spital ist keine Option mehr.

"Sie kommen vom ISG, dem Ilio-Sakral-Gelenk."

"Was ist jetzt das wieder? Das klingt ja richtig religiös."

Die Ärztin klärte mich auf: "Sakral bedeutet hier nicht heilig, sondern zum Kreuzbein, Os sacrum, gehörig. Es ist das Gelenk zwischen Wirbelsäule und Hüftknochen."

"Ich habe noch nie gehört, dass da nochmals ein Gelenk ist."

"Eigentlich kann man das ISG nicht bewegen...

Aha, ein Konstruktionsfehler, das muss ja weh tun!

...aber infolge ihrer falschen Belastungen hat es sich verklemmt."

Ich musste mich seitlich hinlegen und ganz entspannen. Sie plauderte mit Rita über irgendetwas, als ob nichts wäre. Ich dachte schon, jetzt weiss sie sicher nicht mehr, was sie machen soll. Dann plötzlich mit kurzem, heftigen Ruck ...

- Autsch!

Nein, überhaupt nicht Autsch, ich bin nur erschrocken -

... löste sie das ISG von der Verkrampfung und die Schmerzen waren weg.

Jedenfalls fast. - Oder sagen wir einmal vorsichtig noch nicht überall. Doch die ungeheuer starken Schmerzen bei der Wirbelsäule, die mich so oft fast zum Verzweifeln brachten, waren tatsächlich vollständig weg. Ich getraute mich aber nicht, ohne Stöcke die Praxis zu verlassen, denn das Bein tat immer noch etwas weh. Das sei der Piriformis. Dieser Muskel drücke auf den Ischiasnerv. Das sei wieder ein Problem für die Physiotherapie.

Emmentaler Käse

Die Hausärztin schickte mich zu einer neuen Physiotherapeutin. Diese könne den Schmerz mit Dry Needling behandeln. Eine sehr gute Methode, bei der mit einer Nadel in den verkrampften Muskel gestochen wird, so dass er sich wieder entspannt.

Was?? Mit einer Nadel hineinstechen? Und das soll guttun? Ist das ein Aprilscherz?

Nein, es war nicht April, es war Montag und Rita musste noch länger als sonst im Wallis bleiben. So bin ich alleine mit zwei Stöcken im Auto zur Therapie gefahren. Da es leider in der Nähe keine Parkmöglichkeit gab, stellte ich mein Auto auf einen entfernteren Parkplatz und fuhr noch ein Stück mit dem Tram. Von der Tramhaltestelle bis zur Praxis waren es 300 Meter, wie ich zuvor auf der Karte gemessen habe. Ich nahm vorsorglich einen zusammenlegbaren Dreibein-Hocker mit, weil ich befürchtete, dass ich diese Strecke nicht auf einmal schaffe. Ich schleppte mich, so weit ich konnte, musste aber zweimal den Hocker aufklappen und mich hinsetzen.

Es ist ein regnerischer, trüber Mittag. Dunkle Wolken lassen nur wenig Licht durch. Mir ist hundsmiserabel zu Mute, denn ich habe wieder starke Schmerzen und die Moral ist auf dem Nullpunkt. Ein mulmiges Gefühl im Bauch macht mir zusätzlich Angst vor der neuen Nadel-Therapie. Ich trage einen schwarzen Regenmantel mit Hut. So sitze ich mit rundem Buckel auf meinem kleinen Hocker. Der Mantel reicht bis auf den Boden und die Stöcke liegen neben mir auf dem Trottoir. Auf der anderen Strassenseite sehe ich einen Bettler, wie er gebückt auf dem Boden kauert.

Fast wie ich selbst. Der arme Kerl! Er hat nicht einmal einen Hocker zum Sitzen. Soll ich ihm den meinen bringen? Zu Hause habe ich ja nochmals einen. Da erinnere ich mich, dass das Betteln in Basel doch verboten ist, oder nicht? Ich richte mich ein wenig auf. - Ach nein! Das ist ja mein eigenes, erbärmliches Spiegelbild im Schaufenster gegenüber. Aha, darum schauen mich alle vorbeigehenden Leute so schräg an. Jetzt müsste ich ja nur noch den Hut vor mir auf den Boden legen!

Bis die Therapeutin, eine sympathische Person, meine Personalien aufgenommen und mich untersucht hatte, wo genau die Schmerzen liegen, reichte die verbleibende Zeit nicht mehr für das Dry Needling.
"Das machen wir das nächste Mal."
Mit ein paar physiotherapeutischen Massagetricks konnte sie meinen Schmerzlevel etwas senken und die Moral erhöhen.

Doch das nächste Mal musste auf sich warten, weil in der Zwischenzeit der Bundesrat wegen der um sich greifenden Covid-Pandemie strikte befahl:

"Bleiben sie zu Hause!"

Muss das denn ausgerechnet jetzt sein? Hätte der blöde Viruskäfer nicht etwas länger in China bleiben können? So eine Unverschämtheit! Dafür muss ich jetzt zu Hause bleiben. Wegen meines Alters zähle ich zur Risikogruppe und es dürfen nur noch Notfälle behandelt werden. Aber ich bin doch auch ein Notfall! Denn die Schmerzen werden trotz Schmerzmittel wieder schlimmer. Für die Treppe rauf ins Obergeschoss musste ich mich am Handlauf hochziehen und mich zweimal hinsetzen. Dafür plumpste meine Moral jedesmal wieder in den

Keller. Neben jeder Zimmertür stellte ich einen Stuhl, um auszuruhen und meine Muskeln zu entspannen. Ich brauchte sogar für die wenigen Schritte vom Schlaf- ins Badezimmer einen Stock und konnte nur sitzend meine Zähne putzen. Ich dachte, das sei jetzt mein zukünftiges Leben, denn ich hatte schon gelesen, dass in der Vergangenheit Pandemien über lange Zeit wüteten. Ich schaute vorsorglich einmal im Internet, was ein Rollstuhl und ein Treppenlift kosten würden, bevor alle ausverkauft sind.

Aber das wollte ich doch nicht akzeptieren.

"Das ist ja viel zu teuer! Ich muss selber etwas dagegen unternehmen."

Ich versuchte jeden Tag im Garten mit Hilfe der Stöcke zu gehen. Zuerst zehn Meter, dort hatte ich einen Hocker; am nächsten Tag fünfzehn Meter, dort war ein Gartenstuhl und wieder zurück mit Zwischenhalt auf dem Hocker. Und so jeden Tag weiter. Überall hatte ich eine Sitzgelegenheit und musste immer auch die Rückkehr einplanen. Eines Tages schaffte ich es ohne Zwischenhalt um den ganzen Garten herum. 50 Meter auf einmal! Ich hatte zwar überall Schmerzen und war fix und fertig. Aber was für ein Erfolgserlebnis! Ich wollte es am liebsten in die Nachbarschaft hinausschreien.

"He Rita!"

"Was ist los?" Erschrocken eilte sie mir zu Hilfe.

"Ich bin ohne Pause um den ganzen Garten herum gegangen!"

Nach vier leidvollen Wochen ruft mich die aus Deutschland stammende Physiotherapeutin an: "Wie geht es Ihnen?"

"Schlecht. Die Schmerzen sind so stark, dass mir die Tränen kommen."

Ich erzählte ihr, was ich alles mache und sie entschied:

"Das ist ein Notfall, Bundesrat hin oder her, kommen sie morgen in die Praxis!"

Rita fuhr mich bis vor die Tür und ich konnte mit dem Lift in den dritten Stock fahren. Die Nadel war zwar dünn und niedlich, sah für mich aber trotzdem furchterregend aus. Ich war mittlerweile bereit, alles zu erdulden, wenn es nur nützt, denn schlimmer kann es nicht mehr werden. Ja, es hat tatsächlich genützt und die Einstiche haben mich nicht einmal gepikst, nur die Muskeln haben lustige Zuckungen gemacht. Die Therapeutin meinte allerdings, ich sei der erste Patient, der das lustig findet.

Dry Needling wird eingesetzt, um schmerzhafte Verkrampfungen in Muskeln zu lösen. Auf der Website des Dry Needling Verbandes Schweiz[31] lese ich nach:

Das "dry Needling" wird seit 1996 in der Schweiz praktiziert. Dabei wird unter hygienischen Bedingungen mit einer dünnen, sterilen Nadel ohne Medikament (deshalb der Name dry = trocken) ganz präzise und kurz in einen Triggerpunkt gestochen. Bei Triggerpunkten handelt es sich um überempfindliche, schmerzhafte Stellen in einem tastbar verspannten Bündel von Muskelfasern. Der Stich durch die Haut ist kaum spürbar. Wenn man den Triggerpunkt trifft zieht sich diese Muskelfaser kurz aber heftig zusammen. Diese Technik hat aber nichts mit Akupunktur zu tun.

---

[31] Dry Needling Verband Schweiz (DVS): www.dryneedling.ch/

Bei der Akupunktur[32] werden mehrere kurze dünne Nadeln an bestimmten Stellen auf der Körperoberfläche, sogenannte Meridianpunkte, eingestochen. Die lindernde Wirkung kommt dadurch zustande, dass die Nadeln einen stimulierenden Reiz im Gehirn auslösen und dieses vermehrt schmerzlindernde Substanzen ausschüttet. Damit der Effekt der Behandlung möglichst gross ist, bleiben die Nadeln 30 bis 40 Minuten im Meridianpunkt.

Aber zurück zur Erklärung über Dry Needling:

Aktive Triggerpunkte kommen sehr häufig vor. Ursprung des Problems sind meistens ständig angespannte Muskeln, etwa an Computer-Arbeitsplätzen, ...

"Aha, das kommt mir bekannt vor"

... oder wenn stets gleichförmige Bewegungen ausgeführt werden. Ebenso häufig entstehen Triggerpunkte bei Arthrose oder Diskushernie...

"Aha, das kommt mir auch bekannt vor"

... Eine typische Eigenschaft von Triggerpunkten ist, dass sie Schmerzen ausstrahlen. So können zum Beispiel Triggerpunkte in der seitlichen Gesässmuskulatur Schmerzen im ganzen Bein verursachen. Viele Experten und Forscher auf der ganzen Welt sind inzwischen davon überzeugt, dass akute Triggerpunkte, die nicht behandelt werden, ein häufiger Grund für chronische Schmerzen am Bewegungssystem, zum Beispiel Rückenschmerzen sind.

---

[32] Auf der Website der Helsana:
www.helsana.ch/de/private/wissen/komplementaermedizin/akupunktur.html

Ich bemerkte zur Physiotherapeutin: "Sie haben wahrscheinlich einfach in den Nerv gestochen und jetzt ist er abgestorben!"

Sie hat natürlich nicht in den Nerv, sondern in die Triggerpunkte des Muskels gestupft. Der Schmerz war aber immer noch nicht ganz weg, sondern hat sich einfach nochmals weiter nach links verschoben.
"Wann hört das denn endlich auf?"
"Da drüben hat es eben noch andere Muskeln mit aktiven Triggerpunkten."
Danach mussten wir feststellen, dass es auf der rechten Seite noch mehr Problemmuskeln gab. Da war der musculus quadratus lumborum und musculus erector spinae die sie auch mit ihrer Nadel und Massage lösen musste. Ach ja, der musculus rhomboideus und der musculus trapezius, kamen auch noch dran. Ich hatte zwar vier Jahre Lateinunterricht, aber die Physiotherapeutin sprach besser Lateinisch als ich.
Darüber wäre mein ehemaliger Lateinlehrer sicher nicht überrascht.

Die gesamte Rückenmuskulatur scheint einen Aufstand organisiert zu haben. Mehrere Wochen durfte ich ihre Nadel- und ihre Knet-Kur erleben und ich spürte, wie der Schmerz jedes Mal geringer wurde und sich auf eine immer kleiner werdende Fläche zurückzog. Mit zusätzlichem Muskeltraining im Fitnessraum und viel Geduld, die Krankenkasse hatte nicht so viel Geduld und schon zweimal reklamiert, konnte der Muskelaufstand glorreich besiegt werden. Ich fragte einmal die Therapeutin:
"Wollten sie eigentlich mit den vielen Einstichen einen Emmentaler Käse aus mir machen?"

Mein Ziel war, die Schmerzen unbedingt wegzukriegen, damit ich meine Emotionen in den Griff bekomme. Ich musste immer wieder feststellen, dass Schmerz und Emotionen einen engen Zusammenhang haben. Wenn ich Schmerzen habe, ist auch meine Moral im Keller. Die Physiotherapeutin erklärte mir, dass gemäss diversen Studien körperliche Schmerzen nicht nur durch körperliche Verletzungen, sondern auch durch emotionale Probleme verursacht oder verstärkt werden können. Zum Beispiel lassen sich Rückenschmerzen oft auf psychische Probleme zurückführen.

"Sie müssen beides parallel angehen. Es wäre vielleicht gut, wenn sie sich von gewissen Aufgaben und Verantwortungen trennen oder zumindest ihren Alltag etwas lockerer nehmen könnten. Die Muskeln vermögen sich trotz Physiotherapie schlecht normalisieren."

Ursache der Schmerzen

Zwar war ich als Sicherheitsbeauftragter in der Firma auch für gute Bedingungen am Arbeitsplatz zuständig und sorgte in Betrieb und Verwaltung für ergonomische Arbeitsplätze der Mitarbeitenden. Ich habe sie immer wieder zur guten Haltung ermahnt, aber scheinbar bei mir selbst zu wenig darauf geachtet. Die Röntgenbilder zeigen deutliche Haltungsschäden an der Wirbelsäule.

Schon vor Jahren hatte ich immer wieder Schmerzen im Nacken. Das erste Mal auf dem zuvor beschriebenen Kaffeekassen-Ausflug. Wie sich herausstellte war dies eine Folge meiner schlechten Haltung während der vielen Arbeitsstunden vor dem PC. Ich hatte lange einen bequemen Bürostuhl mit kleiner Lehne, die den Rücken im Kreuz gut stützte, so wie dies früher die Sekretärinnen hatten. Einmal nach einer heftigen Diskussion mit dem Delegierten des Verwaltungsrates, die er nachträglich wie so oft bereute, wollte er wieder etwas gutmachen und sagte, ich solle mir einen meiner Stellung entsprechenden feudalen Chefsessel bestellen, mit hoher Rücken- und breiter Armlehne. Was für eine doofe Idee! Aber noch viel doofer war ich selber, dass ich seinen Ratschlag befolgte. Bis ich realisierte, dass dieser Stuhl für meinen Rücken gar nicht geeignet war, wurde der alte Stuhl schon lange in der Recyclingfirma zerlegt.

Die Abnutzung der Bandscheiben zwischen den Halswirbeln konnte auch die Physiotherapeutin nicht rückgängig machen. Irgendwann gab es dadurch eine Entzündung an den Halswirbeln, die sich langsam verstärkte. Es bildeten sich die drei fingernagelgrossen Abszesse, die später meine Sepsis so dramatisch beeinflussten. Im dümmsten Moment kam ein Bandscheibenvorfall im Kreuz dazu, eine Diskushernie, mit allen schlechten Folgen und guten Therapien.

Die Ursachen der körperlichen Schmerzen sind mir also auch klar. Die Therapeutin fragte mich einmal: "Hatten sie die Schmerzen eigentlich schon vorher oder sind sie ein Geschenk des Weiterlebens?" Die Rückenschmerzen sind tatsächlich erst nach dem Spitalaufenthalt aufgetreten, während ich verbissen versuchte, die ungewollten Gefühle der "Long-Sepsis" mit allen möglichen Tricks und Überwindungen loszuwerden. Es scheint, dass die Bereiche Schmerzen und Emotionen ein verheerendes Karussell ergaben. Das eine jagte hinter dem anderen nach, das seinerseits wieder hinter dem einen hinterher jagte. Noch heute beeinflussen die Schmerzen, meine emotionale Verfassung und die Emotionen beeinflussen die Heftigkeit der Schmerzen.

Über die starke Verbindung von Körper und Geist hatte schon vor mehr als 900 Jahren v. Chr. Salomo geschrieben:

Ein fröhliches Herz macht das Leben lustig, aber ein betrübter Mut vertrocknet das Gebein.

Das kann im Buch der Sprüche von Salomo nachgelesen werden.[33] Der weise König, von dem das Salomonische Urteil über den Streit der zwei Frauen um ein Baby bekannt ist[34], scheint ja ein richtiger Sprücheklopfer gewesen zu sein, dass es sogar ein ganzes Buch davon gibt. In der modernen

---

[33] "Die Bibel nach der deutschen Übersetzung D. Martin Luthers" Textfassung 1912, Verlag der Lutherischen Buchhandlung Gross Oesingen, ISBN 978-86147-186-8: Die Sprüche Salomos 17,22

[34] "Die Heilige Schrift" Übersetzt von Paul Riessler, Matthias-Grünewald-Verlag Mainz: Erstes Buch der Könige 3,16-28

Medizin kennt man mittlerweile den gegenseitig be-
einflussenden Zusammenhang von Emotionen und
Schmerzen. Allerdings frage ich mich heute, was
war zuerst da? Das Huhn oder das Ei? Haben die
Emotionen die Schmerzen oder die Schmerzen die
Emotionen verstärkt? Vor meiner Sepsis achtete
ich mich nicht gross, wenn ich den Ellbogen ans-
tiess oder eine Schürfwunde hatte. Ich rieb den Ellbogen oder machte ein 'Pflästerli' drauf. Beim
Zahnarzt sagte ich einmal:

"Nein ich spüre nichts, sie haben mir wahrscheinlich mit dem Kostenvoranschlag bereits den letzten
Nerv ausgerissen."

Aber seit meiner Sepsis spüre ich jedes Bobo. Sicher ist, dass beide Bereiche nicht einzeln betrachtet werden dürfen und sich immer wieder gegenseitig aufschaukeln. Körper, Denken, Emotionen, alles
hängt zusammen. Vielleicht mehr, als man sich
eingestehen möchte.

Loslassen

Wir klammern uns gerne an Erinnerungen, seien sie nur im Gedächtnis oder mit Hilfe von alten Fotos und Gegenständen. Das ist heilsam, es gibt moralischen Halt, Lebenserfahrung und schöne Andenken an tolle Erlebnisse und Erfolge.
"Weisst du noch?"
Unangenehme und traurige Erinnerungen wollen wir aber lieber vergessen. Später erinnern wir uns meistens doch nur noch an die guten und fröhlichen Zeiten.
"Die Zeit heilt Wunden."
Vieles, vielleicht auch zu Vieles habe ich früher bewusst oder unbewusst auf die Seite geschoben, vergessen, verdrängt, in einer Schachtel verpackt und auf den Estrich gestellt. Heute sind diese Erinnerungen plötzlich wieder da. Das ist zwar interessant aber zum Teil auch belastend. Dabei habe ich gelernt, dass man auch von unangenehmen Erinnerungen nicht wirklich loslassen kann. Man kann sie nur zudecken oder in eine Schachtel packen, aber sie sind immer noch vorhanden. Wenn der Deckel nur einen kleinen Spalt infolge eines Anstosses, zum Beispiel eines Gegenstandes den man sieht, eines Bildes, einer Person, einer Tätigkeit oder eines Ereignisses, geöffnet wird, springen sie wieder heraus.

"Loslassen" ist zwar einfach gesagt, aber "losgelassen" bedeutet nicht immer auch "losgeworden".

Rheinschwimmen

"Sie müssen lernen, loszulassen."
Die Psychotherapeutin machte einen Vergleich:

Es sei wie beim Basler Rheinschwimmen: Man steigt zwar frohen Mutes ins kühle, erfrischende Wasser und klammert sich dann aber mit grosser Anstrengung an die verankerte Boje. Dort fühlt man sich sicher und macht das, was man glaubt machen zu müssen, nämlich sich am Bestehenden festhalten. Man möchte am liebsten so bleiben, obwohl das Wasser vorbeizieht und die Strömung am ganzen Körper zerrt. Etwas loszulassen braucht immer eine gewisse Überwindung, speziell das Loslassen von geschätzten Personen, liebgewonnenen Gegenständen oder angefangenen Aufgaben. Man hat Angst vor der Trennung, weil sie meistens einen endgültigen Charakter aufweist.

Das Rheinschwimmen ist im Sommer ein beliebter Volkssport in Basel. Man packt die Kleider in einen wasserdichten Schwimmsack. Damit steigt man oben auf Kleinbasler Seite in den Fluss, hält sich vielleicht vorerst noch irgendwo fest, bis man den Mut findet, sich in der Strömung 'dr Bach ab' treiben zu lassen. Es wird plötzlich alles rundherum ruhig. Man kann sich entspannen und alle Mühen des Alltags werden abgespült. Weiter unten steigt man wieder abgekühlt, frisch und voller Tatendrang aus dem Wasser und kann die trockenen Kleider anziehen.

Es gibt im Leben viele Dinge, an die wir uns klammern und nicht mehr loslassen wollen. Wir klammern uns seit wir Kinder sind an irgendetwas. Als ich meinen kleinen Finger auf die Handfläche meines neugeborenen Sohnes legte, schloss er sofort die Hand und wollte mich nicht mehr loslassen.

Die Therapeutin fragte mich, ob ich vielleicht früher von unersetzlichen Sachen oder von lieben Personen ungewollt getrennt wurde. Ich musste zugeben, dass ich schon einige Situationen mit "Trennung" erlebt habe. Aber vielleicht konnte ich sie nicht verarbeiten. Wenn ich die Boje plötzlich nicht mehr halten kann und abrutsche, habe ich scheinbar ein grosses Problem. Dazu habe ich die nachfolgenden Erinnerungen erzählt.

Der Pudel und das Feuerwehrauto

Die erste Erinnerung, die mir in den Sinn kam, war der kleine schwarze Pudel. Ich sehe ihn heute noch vor mir. Vielleicht ist es eine meiner frühesten Erinnerungen. Erst vor ein paar Tagen fand ich auch das hübsche Bildchen im Fotoalbum meines Vaters.

Ich sah ihn das erste Mal auf Augenhöhe. Er stand auf dem Esstisch. Das heisst er stand nicht, sondern sass da wie ein Osterhase. Ich war gerade so gross, dass ich knapp über die Tischkante sehen konnte und habe ihn sofort ins Herz geschlossen. Es war mein dritter Geburtstag. Als ich am Morgen die Treppe herunterkam, war er da, der kleine, schwarze Pudel mit den treuen, blauen Augen. Ich schaute ihn lange an, bis meine Mutter sagte:
"Das ist dein Hündli".
Ich musste mich strecken und nahm ihn in die Arme. Er hatte weiche, leicht kräuselige Haare und schaute mich liebevoll an.
Das ist mein Hündli.
Ab sofort war das Hündli mein tägliches und noch mehr mein nächtliches Kuscheltier, ohne das ich nicht mehr einschlafen wollte. Es hatte keinen anderen Namen, es war einfach mein Hündli.

In der folgenden Zeit war mein grösster Wunsch, dass das Hündli lebendig würde. Im August gibt es immer viele Sternschnuppen. Jeder weiss, wenn man eine Sternschnuppe entdeckt, kann man sich etwas wünschen. "Es funktioniert aber nur, solange du die leuchtende Spur sehen kannst", erklärte mir mein ältester Bruder. Also habe ich Immer, wenn er mir sagte, dass jetzt wieder Sternschnuppen kommen könnten, aufgepasst und beim Aufleuchten einer Sternschnuppe sofort gewünscht, dass mein Hündli lebendig wird. Ich war aber immer zu spät oder der Wunsch war zu lang oder die Leuchtspur zu kurz. Es hat nie funktioniert.

Viele Jahre später sind in einem fremden Land plötzlich russische Soldaten einmarschiert und haben einen Freiheitsaufstand blutig niedergeschlagen. Unsere Eltern erzählten davon und wenn die Nachrichten um 12.30 Uhr im Radio kamen, mussten alle mucksmäuschenstill sein. Wir hörten, dass die Menschen Angst hatten und von einem Tag auf den anderen aus ihrer eigenen Heimat fliehen mussten. Viele der Flüchtlinge kamen in die Schweiz. Sie hatten von zu Hause nur das bei sich, was sie gerade tragen konnten. Die Kinder konnten nicht einmal ihre Spielsachen mitnehmen und waren ganz traurig.

Das Rote Kreuz machte einen Spendenaufruf: Jede Familie in der Schweiz soll ein Paket schicken mit Kleidern und anderen dringend benötigten Sachen, wie auch Kinderspielzeuge, die nicht mehr gebraucht werden. Meine Mutter hat bereits eine Schachtel mit Kleidern, Seife und sonst noch was gefüllt. Es hat nur noch eine Lücke. Ich renne in mein Zimmer und krame in meinen Spielsachen herum. Doch halt, hier stehen meine Autos, alle schön nebeneinander in der Garage. Die Garage ist eine alte Schuhschachtel, die ich an der Seite aufgeschnitten hatte. Dieses Feuerwehrauto würde sicher einem Flüchtlingskind gefallen. Damit kann es zu Hause löschen, wenn es brennt. Es ist aus Metall und schön rot. Da hat es zwar eine kleine Delle, die man aber fast nicht sieht. Es war eben schon im Einsatz. Ich spiele oft damit. Man kann sogar die Leiter drehen und ausziehen. Ich habe ja noch andere Autos. Schnell bringe ich es hinunter und stelle es stolz auf den Tisch.

Meine Mutter schiebt es etwas zur Seite.
"Du bist ein lieber Bube, aber wenn du jemandem eine Freude machen willst, kannst du nicht einfach ein altes Spielzeug verschenken, das du sowieso wegwerfen wolltest".
"Aber ich wollte das Auto nicht wegwerfen. Es ist doch gar nicht alt. Es ist noch schön rot und fährt schnell wie die Feuerwehr. Man kann sogar die Leiter richtig bewegen".
Sie belehrte mich: "Weisst du, ein ehrliches Geschenk muss von Herzen kommen. Du musst es mit Freude schenken und nur so kannst du dem anderen Kind auch wirklich deine Freude weitergeben".
Ich überlege, was sie damit meinte und was ich denn sonst schenken könnte. Doch auf einmal hat sie mein Hündli in der Hand. Wie kommt das jetzt so plötzlich hierher? Sonst sitzt es doch immer auf meinem Bett und wartet auf mich. Was will sie jetzt damit machen?
"Du bist doch schon ein grosser Junge und ein kleines, armes Flüchtlingskind hat kein Tierchen mehr zum Einschlafen. Es hat sicher grosse Freude an dem kleinen Hund".
Schwupp, verschwindet mein Hündli in der Schachtel.
"NEIN!"
Deckel drauf, Schnur drum und weg war es.

Die Schachtel stand am gleichen Ort auf dem Esstisch, wo ich mein Hündli das erste Mal gesehen habe. Ich rannte in mein Zimmer und weinte. Das kleine, arme Flüchtlingskind hat ganz sicher keine Freude, denn jetzt hat mein kleines, armes Hündli jeden Abend Heimweh und muss weinen.

Mit dem Feuerwehrauto habe ich nie wieder gespielt.

Die Meise und der Rabe

Wir wohnten in einem schmalen Sandwich-Haus. Das heisst, rechts und links waren weitere, genau gleiche Häuser angebaut. Ein Reihenhaus. Jedes der aneinandergereihten Häuser hatte einen eigenen, kleinen Garten. In den Bäumen und Sträuchern tummelten sich viele Singvögel wie Amseln, Buchfinken, Rotschwänzchen, Spatzen und Kohlmeisen. Die 'Meiseli', wie wir sie nannten, hatte ich am liebsten. Sie sehen so schön aus, pfeifen fröhlich und sind zutraulich. Wir haben sie oft mit Körnern oder Käserinde gefüttert. Im Frühling bauen alle Vögel ihre Nester. Eine Amsel hat sogar einmal in unserem gedeckten Sitzplatz, auf dem Ablaufrohr des darüber liegenden Balkons, ihr Nest gebaut. Jeden Tag konnten wir zuschauen, wie sie die Jungen fütterte, bis sie einmal morgens früh ausflogen.

Eines Tages stellten wir fest, dass die Kohlmeisen im Rollladenkasten des Esszimmers ihr Nest bauten. Dieser Rollladen blieb immer offen, weil vom Garten her niemand Fremder hereinschauen konnte. Eines Tages sahen wir, wie ein Meisenweibchen immer wieder mit kleinen Grashalmen, Wurzelchen oder Moos im Schlitz des Rollladens verschwand.

Auch das Männchen kam mit Baumaterial angeflogen. Er schaffte es aber nicht, in den Rollla-denkasten zu fliegen, liess seine Last einfach fallen, flog zurück auf die Birke und holte neues Material, um es nach kurzem Flattern vor dem Rollladenkasten wieder fallen zu lassen.

Nur das Weibchen beherrschte das Kunststück, beim Anflug sich im letzten Moment auf den Rücken zu wenden und sozusagen im Rückenflug sich am ein wenig herausragenden Rollladen festzukrallen. Bald hatten sich die beiden aber abgesprochen und ein Arbeitsteam gebildet: Das Männchen brachte Baumaterial, übergab es auf einem Ast dem Weibchen, das damit im Rollladenkasten verschwand. So ging das einige Tage. Die beiden hatten viel zu tun: Er mit Materialtransport und sie mit Nestbau, bis eines Tages kein Baumaterial mehr geliefert wurde. Was ist da los? Lastwagenstreik in England? Nein, das Männchen hat einen Catering Service eröffnet. Es hat ein Würmchen im Schnabel und pfeift auf dem Flieder vor dem Fenster. Sogleich kommt das Weibchen vom Rollladen her, isst den Wurm und verschwindet wieder im Spalt des Rollladens. Das wiederholt sich mehrere Male. Aha! Das Weibchen ist am Eier brüten und das Männchen bringt ihm Nahrung.

Eines Morgens: "Seid einmal ruhig! Hört ihr das auch?" Ein ganz leises Piepsen kam vom Rollladenkasten. "Die Jungen sind ausgeschlüpft!" Die Eltern sind ununterbrochen auf Nahrungsuche. Das Weibchen jagt Insekten nach und bringt Würmer, die es mit Kunstflugakrobatik zum Nest fliegt. Zwischenzeitlich wartet das Männchen mit neuer Nahrung auf dem Fliederstrauch. Das Weibchen übernimmt und fliegt damit sogleich wieder ins Nest zurück, um die Jungen zu füttern. Die beiden hatten so viel zu tun, dass sie vergassen, selbst zu fressen und ganz schlank wurden. Das ging mehrere Tage und das Gepiepse im Rollladenkasten wurde immer lauter.

Wir hatten schon oft kleine, soeben ge-
schlüpfte Vögelchen gesehen. Sie waren immer kugelrund aufgeplustert. Meine Mutter
meinte, die Jungen könnten so ja gar nicht
durch den schmalen Spalt nach draussen fliegen. Schnell holte mein Bruder einen Schrau-
benzieher im Keller und öffnete ganz vorsichtig den hinteren Teil des Rollladenkastens,
der ins Esszimmer reichte. Natürlich konnten
wir es nicht lassen, kurz mit einer Taschen-
lampe in den Kasten zu leuchten. Das Gepiepse war jedoch verstummt.
"Lass mich 'mal. Ich will auch hineinschauen."
Als jüngster Bub durfte ich als letzter kurz hinein schauen. Ein Bruder musste mich auf
dem Blumensims festhalten, damit ich gross
genug war. Am anderen Ende des langen
Kastens sah ich ein farbiges Wollknäuel mit
vielen Gufe-Köpfli[35].

Schon früh am anderen Morgen ist draussen
ein Gezeter. Die beiden Meisen machen ein
ungewohntes Geschrei vor dem Fenster.
Ich komme die Treppe herunter.
"Da ist ja ein Junges auf dem Esstisch."
"Unter dem Tisch ist auch noch eines."
"Nur nicht berühren!"
"Da ist eines auf dem Buffet."
"Hinter den Blumentöpfen sind nochmals
zwei."
Die 'Meiseli' sehen aus wie kleine Wollknäuel
und schauen verwundert in ihre neue Welt.
Die Eltern rufen mit aller Lautstärke draussen
vor dem Fenster und die Kleinen piepsen lei-
se im Wohnzimmer. Schnell öffnen wir die
Sitzplatztür, damit sie einander hören können.
Die jungen Vögelchen flattern und hüpfen

---

[35] Schweizerisch: Stecknadel-Köpfchen

bald in der ganzen Stube herum, nur nicht zur Sitzplatztüre. Wir waren vier Kinder und alle versuchten, den Flatterknäulchen den Weg nach draussen zu zeigen.

"Halt, halt, nicht ins schöne Zimmer!"
"Dann mach doch die Tür zu!"
"Nein, es ist schon eines hineingeflogen."
"Schwupp. Schau doch wo du hinfliegst!"
"Achtung, nicht darauf treten!"

Wir hatten unsere liebe Mühe mit den kleinen Neulingen. Doch nachdem das erste endlich den Ausgang gefunden hat, hüpft, stolpert oder fliegt eines nach dem anderen hinterher zur Türe hinaus, wo das Meisenmami im Türrahmen flattert und laut ihre Jungen ruft.
Wir zählen sie: 1 - 2 - 3 - 4 - 5.
"Halt, da piepst noch ein ganz kleines leise hinter dem Vorhang. Das hat sicher Angst, hinauszufliegen."
Das Mütterchen gab nicht auf, bis auch das letzte den Weg zu ihr gefunden hatte.

Ein paar Stunden später hörte ich draussen einen schrecklichen Lärm. Alle Vögel machen ein fürchterliches Geschrei. Es tönt, als ob eine Katze in eine Voliere eingebrochen wäre. Ich reisse die Tür auf, springe auf den Sitzplatz und erstarre. Ich sehe gerade noch, wie ein grosser schwarzer Rabe mit einem kleinen, gelben Knäulchen in seinen Krallen, mit starken Flügelschlägen davonfliegt. Hinterher flattert das Meisenmütterchen und will den grossen Vogel aufhalten. Weit weg in Richtung Auwald verliere ich beide aus den Augen. Wieso muss der schwarze Räuber ausgerechnet eines meiner kleinen Meiseli fortschleppen? Das war sicher der jüngste "Bub",

der sich ängstlich hinter dem Vorhang versteckt hatte.

Nachdem die Meisenmutter zum Glück den
Heimweg wieder gefunden hatte, vergass
scheinbar bald die ganze Familie die Kata-
strophe. Wir beobachteten sie im Garten, sie
flogen herbei, pickten uns Körner aus den
ausgestreckten Händen oder sassen auf einer Schulter. Wenn wir bei schönem Wetter
auf dem Sitzplatz Zvieri assen, flogen sie auf
den Tisch und wir mussten sie abwehren, damit nicht eines gleich in den Teller hüpfte. Wir
gehörten sozusagen zur Meisenfamilie.
Manchmal ist ein übermütiges 'Meiseli' sogar
auf meinem Kopf gelandet. Obwohl sie ihre
ersten Flugstunden in unserer Stube absol-
vierten, waren sie auf meinen Haaren doch
nicht immer ganz stubenrein.

Der Sodbrunnen und das Schoggiherzli

Neben dem Wohnzimmer war ein zweites Zimmer: Das "Schöne Zimmer". In diesem Zimmer durften wir nicht spielen. Es war der Salon, der nur für spezielle Anlässe verwendet wurde, wenn Besuch da war oder an Weihnachten. Früher wurde die Schiebetüre zum schönen Zimmer ein paar Tage vor Weihnachten geschlossen und die Scheiben mit einem Vorhang verhängt, damit wir Kinder nicht sehen konnten, wenn das Christkindchen die Geschenke brachte. Das war immer eine schöne und spannende Zeit. Wir versuchten jeweils doch noch durch einen kleinen, nicht bemerkten Spalt ins Zimmer zu sehen. Weihnachten in dieser Form gibt es zwar schon lange nicht mehr, weil wir alle älter geworden sind und nicht mehr ans Christkindli glauben.

Mein Vater hatte in diesem Zimmer auch sein Büro, das heisst den alten dunklen Schreibtisch von seinem Vater, der wie das Pult eines Direktors aussah. Daneben stand ein dunkler Schrank mit Glastüren. Über dem Schreibtisch hing das grosse "Vogesenbild" in einem breiten goldenen Rahmen.

Der Streit und die Unstimmigkeiten zwischen unseren Eltern sind mit den Jahren immer schlimmer geworden. Als ich einmal nach der Schule nach Hause kam, sass meine Mutter am Esstisch und weinte.
"Was ist denn jetzt wieder los?" fragte ich ungeduldig und gereizt, denn sie machte wegen jeder Kleinigkeit eine theatralische Szene.
"Vater geht"
"Wer geht?"

"Vater verlässt uns"

"Was soll das jetzt wieder heissen?"

Ich brauchte einige Zeit, um meine Gedanken zu ordnen.

"Vater geht? - Wohin denn?"

Ich hörte ein Geräusch, drehte mich um und sah ihn gebückt an seinem Schreibpult im schönen Zimmer. Auf dem Boden ein grosser Koffer, in den er seine Markensammlung und sonstiges Gerümpel einpackte. Dann ist er mit einem kurzen Adieu gegangen. Ich ging in mein Zimmer und wusste nicht, wie ich das einordnen musste. Wenn mein Vater seine wertvolle Markensammlung in einen grossen Koffer packt und geht, muss etwas ganz Schlimmes passiert sein!

Das war vor vielen, vielen Jahren, ich war gerade 16 Jahre alt. Und jetzt, vor ein paar Tagen, fand ich doch noch einige meiner Geschichten aus meiner Jugendzeit, die ich schon lange suchte. Sie waren aber nicht, wie vermutet, zu hinterst im Estrich in einer alten Schachtel. Gefunden habe ich sie, weil ich die technischen Unterlagen meiner Revox-Tonbandmaschine suchte. Dieses monströse Gerät mit den zwei grossen Tonbandspulen hatte ich vor 40 Jahren gekauft, um Musikaufnahmen von Chören und kleinen Orchestern zu machen, für die ich dann Musikkassetten und CDs herstellte. Als ich jetzt nach den vielen Jahren alte Aufnahmen abspielen wollte, gab es beim Einschalten einen Plopp und ein verdächtiges Räuchlein stieg aus dem Kasten.

"Oh je, das sieht nicht gut aus!"

Um das Gerät reparieren zu können, holte ich die technischen Unterlagen hervor. Zwischen den Elektro-Schaltplänen fand ich ein Schulheft mit Aufsätzen und ein paar lose Blätter mit weiteren

Geschichten, die ich als Junge aufgeschrieben hatte. Wie sie da hineingerutscht sind, ist mir ein Rätsel. Die Geschichten sind mit der Schreibmaschine geschrieben. Aufgrund des  Schriftbildes erkenne ich sofort, dass ich sie damals mit der alten, englischen Schreibmaschine aufgeschrieben habe, die mein Vater von seinem Vater erhalten hatte und danach lange in meinem Jugendzimmer stand. Sie ist 13 kg schwer und steht immer noch bei mir, schön verpackt in einer alten Schachtel hinten im Estrich. Neben einer lustigen Geschichte über ein kleines, naseweises Eichhörnchen, die ich in der Ich-Form erzählte, und ein paar skurrilen, für mich heute schwer verständlichen Texten aus meiner "Sturm und Drang"-Zeit, war auch die nachfolgende Weihnachtserinnerung dabei:

Weihnachtsstimmung

Mein Bruder hatte den Christbaum schon ins Zimmer gestellt. Ins "schöne Zimmer" natürlich. Ich tappte mit meinen nassen Schuhen über den Teppich. Draussen ist der karge Schnee wieder geschmolzen. Ein "schönes Zimmer" ist es nämlich nicht mehr. Der Vater nahm alle schönen Möbel mit. An Stelle des bequemen Diwans steht nun ein altes Sofa, das wie ein Krankenbett aussieht, wenn es seine grüne Decke nicht trägt. Auch sein antikes Schreibpult vom Grossvater nahm er mit sich. Das sei auch nicht unnatürlich, denn irgendwo muss er ja seine Marken ins Album einkleben. Sogar den schwarzen, ehrwürdigen Schrank mit der Glastür schleppte er hinaus. Er gehöre natürlich zum Schreibpult. Das grosse Bild ist noch hier. Ich selbst machte es mit drei Schrauben besser fest. Es ist ein

schweres Bild. Ich hatte es richtig liebgewon-
nen. Das klare Waldbächlein und die Sonne,
die zwischen den vielen dunklen Stämmen
herein glitzert, geben etwas Merkwürdig Le-
bendiges von sich. Vielleicht sehe ich es auch
deshalb gerne, weil es nicht mehr lange hier
sein wird. Der Vater will sich auch das noch
holen. Er kam mir damals vor, wie ein Beam-
ter vom Verpfändungsamt. Trotz seiner Er-
niedrigung hat aber das Zimmer seine alte
Würde beibehalten. Irgendwo in der Luft
schwebt noch das Bewusstsein, welches der
scheue Ort bewahrt.

Mein Bruder sagte mir, ich solle die Krippe
aufstellen und den Christbaum schmücken.
Ich beschloss den Christbaum nur mit Kerzen
zu schmücken, dafür mehr Sorgfalt der Krippe
zu geben. Ich machte mich bald an die Arbeit.

Nun ist die Krippe aufgestellt. Sie steht auf
der Kiste, über die ich noch ein grünes Tuch
legte. Es war eine kleinere Kiste, als in den
vorangegangenen Jahren, um die Krippe, den
Verhältnissen anpassend, bescheidener zu
gestalten. Dafür besitzt sie jetzt eine elektri-
sche Beleuchtung. Auf dem Boden des Häus-
chens habe ich feinen Meeressand verstreut.
Das Ganze gleicht einer Garage ohne Tor mit
einem Strohdach. Glücklicherweise überde-
cken es die Äste ein wenig. Wie ein Pfeil zei-
gen zwei diagonale Linien auf die Krippe mit
dem Jesuskind. Die eine wird durch Maria
und Joseph gebildet, die von rechts auf die
Krippe blicken, die andere durch die drei Hir-
ten mit ihren Schafen, die von vorne links zur
Krippe streben. Eines ihrer Schafe steht nicht
bei der Herde. Es kommt von der anderen
Seite. Es ist ein Einzelgänger. Ein Separatist.

Vielleicht hat es den Anschluss verloren. Traurig blickt es zur Krippe.

Draussen, neben dem Häuschen, steht ein Sodbrunnen. Obwohl ihn der Vater gebaut hatte, steht er dort. Nicht der Erbauer steht im Vordergrund, sondern das Kunstwerk selbst. Es ist tatsächlich ein kleines Kunstwerk und sieht wunderschön aus. Genau so, wie ein Sodbrunnen früher ausgesehen hat. Es ist aus den Scherben eines Blumentopfes gemacht. Der Kübel an der Querstange ist aus dem Holz einer Zündholzschachtel. Man kann ihn sogar an einer Kurbel hinunterlassen. Früher hatte die Kiste dort ein Loch. Ich legte manchmal ein Schokoladenherz in den Kübel und wickelte die Schnur ab. Der Eimer verschwand dann im Dunkeln und ich konnte das Herz wieder zu mir heraufziehen. Oft war das Herz aber nicht mehr drauf und ist im Dunkeln liegen geblieben. Warum war es da unten so dunkel?

Jetzt steht eine andere Kiste da. Sie hat kein Loch. Der Kübel kann nicht mehr weit hinab. Es ist nicht mehr dunkel. Aber es gibt auch keine Schoggiherzli mehr.

Genau mit diesen Worten habe ich die Geschichte im Dezember 1963 geschrieben und seither stellte ich die Krippe jedes Jahr auf. Früher tat das immer mein Vater und ich fand den Weihnachtsbaum mit den vielen Kerzen und der Krippe wunderschön. Die Geschwister wollten einmal eine neue Krippe, oder dann soll ich doch wenigstens den Sodbrunnen weglassen. Aber nein, ich bestand darauf, dass die Krippe so bleibt, wie sie der Vater jeweils aufgestellt hatte. Die filigranen, farbigen Figuren, aus Papiermaché mit allen Details gefertigt, haben unsere Eltern in unbeschwerten Jahren 1938 gekauft, als sie noch in Genf wohnten. Seit ich mit Rita verheiratet bin, stelle ich die Krippe bei uns im Wohnzimmer auf und lud jeweils auch meine Mutter zum Weihnachtsfest ein. Rita wollte auch einmal neue Krippenfiguren. Aber wir haben nur den Stall ersetzt, weil das alte Häuschen auseinandergebrochen ist.

Der schöne Sodbrunnen wird immer noch jedes Jahr von allen Besuchern bewundert. Die Krippe steht auf einem Brett mit einem Loch über einem kleinen Tischchen und der Kübel kann von den Enkelkindern hinuntergelassen und wieder heraufgezogen werden.

Totes Pferd

Ich habe heute viele Gegenstände wie alte Bücher, technische Apparate, Uhren, Werkzeuge, Rechenmaschinen. Sie sind nicht mehr im Gebrauch, denn ich habe für alles neuen Ersatz. Ich behalte sie mehr aus Nostalgiegründen und nehme sie ab und zu zur Erinnerung wieder in die Hand. Ich bemühe mich auch, alles funktionstüchtig zu halten. Vielleicht kann man doch mal etwas gebrauchen, zum Beispiel, um alte Tonbandaufnahmen abzuspielen. Die Gegenstände haben für mich einen immateriellen Wert. Davon trennen? Lieber nicht! Das ist ja nicht schlecht, solange es nicht krankhaft ist. Auch alte Bücher, die vielleicht durch die moderne Wissenschaft überholt sind, stehen bei mir im Regal. Ich weiss dann, was ich einmal gelesen und studiert habe. Schon der Schüler in Goethes Faust sagte: "Was man schwarz auf weiss hat, kann man getrost nach Hause tragen."[36] Es gibt Bücher, die mich zum Beispiel auch daran erinnern, wie kompliziert wir früher mit Logarithmentafel und Rechenschieber ebenso gute Berechnungen durchführen konnten wie heute mit dem Computer. Na ja, zugegebenermassen allerdings etwas aufwendiger und mit weniger Kommastellen. Dafür musste man die Materie verstehen und konnte nicht nur ein "Knöpfchen drücken".

Es gibt auch Dinge, die vielleicht mehr schaden als nützen und trotzdem haben wir Mühe, uns davon zu trennen. Eine indianische Weisheit lautet:

"Wenn du merkst, dass du ein totes Pferd reitest - steige ab!"

Klingt ja einleuchtend; ist es aber nicht immer.

---

[36] J.W. Goethe: "Faust" Verlag Birkhäuser Basel 1944 Erster Teil Szene Studierzimmer

Das Motorradfahren gab ich schweren Herzens auf. Ich hatte Angst, ich könnte beim Fahren ungewollt eine plötzliche Bewegung machen, die mich wegen meines lädierten Rückens derart schmerzt, dass ich nicht mehr sicher fahren könnte und es ein Sicherheitsrisiko für mich und andere Personen darstellen würde. Nach mehr als 55 Jahren unfallfreiem Fahren durfte ich allerdings mein geliebtes Motorrad mit gutem Gewissen verkaufen. Als Andenken habe ich von meinen Söhnen gleich drei Modelle in verschiedenen Grössen erhalten, die ich überall aufstellen kann. Die schönen Erinnerungen kann ich also behalten.

Rennvelo

Der Übergang vom aktiven Berufsleben in den aktiven Ruhestand verbirgt vieles, das losgelassen werden kann oder muss:

- Der tägliche Rhythmus, Arbeit, Verantwortung, Ansehen, Gewohnheiten, Tätigkeiten,
- Annehmlichkeiten, Unannehmlichkeiten, Vorteile, Nachteile,
- Bekanntschaften, Arbeitskollegen, Geschäftsfreunde.

Alles hat uns jahrelang begleitet und fällt von einem Tag auf den anderen weg. Es entsteht eine grosse Leere, wenn man keine Ersatztätigkeit für die Gestaltung der neuen Freizeit hat. Kommt man nicht mehr aus dieser Leere heraus, kann es unangenehm enden.

Ich hatte einen 20 Jahre älteren Arbeitskollegen, der wenige Jahre vor seiner Pensionierung stand. Er war ebenfalls Abteilungsleiter und Chef des Betriebes. Das heisst er war für den Fahrbetrieb zuständig und musste auch die graphischen Fahrpläne und Dienstpläne der Fahrdienstmitarbeiter erstellen. Wir hatten eine schlanke Verwaltung mit wenigen Büroangestellten. "Der Chef musste noch arbeiten und konnte nicht nur scheffeln". Sogar die Sekretärinnen wurden zu Sachbearbeiterinnen befördert und wir mussten unsere Briefe selber schreiben. Für mich war das kein Problem. Meine Briefe und Berichte waren oft so technisch, dass ich sie sowieso lieber gleich selbst schrieb. Doch ältere Mitarbeiter hatten etwas Mühe damit und so habe ich meinem Türnachbarn manchmal ausgeholfen. Sogar die provisorischen Dienstpläne und graphi-

schen Fahrpläne für die Zeit der grossen Bau-
stellen habe ich für ihn gemacht.

Er war ein ausgesprochener Autofan, obwohl
er in einem öffentlichen Bahnbetrieb arbeite-
te. An einem Freitag Nachmittag kam er in
mein Büro und sagte:
"Ich hatte eine strube Woche und mache heute etwas früher Feierabend. Kommst du mit?
Ich lade dich zu einem Drink ein."
Ich sass bald auf dem Beifahrersitz seines
rassigen BMW und wir zischten los. Auf der
Autobahn fragte ich:
"Wo willst du denn deinen Feierabenddrink
nehmen?"
"Du wirst es sehen."
Wir plauderten über unsere Arbeit und die an-
stehenden Probleme, über Politik, Gott und
die Welt. Bei der Ausfahrt aus dem dunklen
Belchentunnel wurden wir vom hellen Licht
geblendet. Die orange Abendsonne strich
noch sanft über das Mittelland und beleuchte-
te weit weg am Horizont die Alpen. Die Aus-
sicht war zwar schön, aber für einen Feier-
abendtrunk so weit zu fahren, schien mir doch
etwas ungewöhnlich zu sein.

"Ich war schon oft In Grindelwald in den Feri-
en und kenne ein schönes Café. Dort fahre
ich jeden Freitag hin, nehme einen Eiskaffee
oder Cappuccino und fahre wieder nach Hause."
Ich rief schnell zu Hause an, dass ich etwas
später komme. Rita war nicht besorgt, weil ich
oft später Feierabend mache. Als ich ihr allerdings erklärte, wir seien auf der Autobahn auf
dem Weg nach Grindelwald, sagte sie nur:
"Ihr spinnt."

Irgendwann kamen wir auf seine bevorstehende Pensionierung zu sprechen und ich fragte ihn:

"Was machst du, wenn du nicht mehr im Büro neben mir sein kannst ? Wird es dir nicht langweilig? Hast du Hobbys?"

"Ich habe mir vor einigen Tagen ein Fahrrad bestellt. Im Laden wurde es genau auf meinen Körper angepasst." Sagte er stolz.

"Es sollte in den nächsten Tagen nach Hause geliefert werden. Ein Rennvelo. Dann werde ich nur noch sportlich unterwegs sein."

Ich schaue ihn etwas schräg an. Er war absolut nicht der sportliche Typ, nicht einmal wenn man beide Augen zur Hälfte zukneift. Aber ein wenig Bewegung wird ihm sicher guttun. Es wäre allerdings von Vorteil gewesen, wenn er schon früher damit angefangen hätte.

"Und was machst du, wenn du nicht gerade beim Radfahren bist?"

"Ach, so dies und das. Ich habe noch vieles zu tun."

Im schönen Café wurden wir herzlich begrüsst mit:

"Cappuccino oder Eiskaffee?"

Wir genossen ausgiebig unseren Cappuccino und machten Sprüche mit der Serviertochter. Ich war mir aber auf der Heimfahrt nicht sicher, ob er mit dem schönen Café das Lokal oder eher die Serviertochter meinte.

Ein paar Jahre später, mein Arbeitskollege war schon im Ruhestand, traf ich seine Frau im Supermarkt.

"Wie geht's und was macht ihr Mann? Ist er fleissig mit dem Rad unterwegs?"

Sie schaute mich bekümmert an.

"Das teure Rennvelo steht im Gang, damit es niemand klaut und der sportliche Rennfahrer sitzt den ganzen Tag im Trainingsanzug mir im Weg herum."
Wenige Monate später erhielten wir in der Firma überraschend seine Todesanzeige.

Ich machte mir Vorwürfe. Ist er etwa aus lauter Langeweile gestorben? Hätte ich mich um ihn kümmern und ihn aus seinem Schneckenhäuschen locken sollen? Es scheint, er hat sich seinen Ruhestand etwas zu wörtlich genommen. Er hätte nicht gleich von allem loslassen müssen. Ein regelmässiger Eiskaffee oder Cappuccino im schönen Café in Grindelwald hätte ihn sicher noch ein paar Jahre länger jung gehalten.

Man kann für den Ruhestand selten eine Hauptprobe durchführen. Es ist meistens so, wie Loriot schrieb:
"Es ist mein erster Ruhestand. Ich übe noch."
Die vielen Veränderungen beim Übergang in den Ruhestand erfordern, dass man sich schon vorher überlegt, womit man das Vakuum auffüllen will. Zum Beispiel mit einem Hobby, mit Sport, Wanderen, Reisen oder mit etwas, das man schon lange machen wollte. Wenn man aber die Boje wie beim Rheinschwimmen loslässt ohne sich Gedanken über seine Zukunft zu machen, besteht die Gefahr, dass man den Kopf an einem Brückenpfeiler anschlägt und untergeht.

Es kann sehr nützlich sein, eine äusserliche Veränderung an sich oder an der nächsten Umgebung zu bewirken, um sich selbst bewusst zu machen, dass ein neuer Lebensabschnitt beginnt. Ich hatte mir meinen Schnauz abrasiert, den ich vor Jahren in den Campingferien in Spanien wachsen liess und richtete für mich im Keller ein neues Büro ein.

Ich hatte mir eine lange Liste mit etwa 20 Tätigkeiten erstellt, was ich im Ruhestand alles machen könnte, damit es mir nicht langweilig werden wird. Bis jetzt habe ich aber erst 3 Punkte berücksichtigen können, weil immer etwas anderes dazwischen kam. Das ist nicht schlecht, denn wichtig ist nur, dass ich etwas mache, das Körper und Geist immer wieder aufs Neue herausfordert.

Ich stand schon mehrere Jahre als Kirchenrat zur Verfügung. Aus Rücksicht auf die Gesundheit meines Vorgängers habe ich als Vizepräsident das Kirchenratspräsidium ad Interim übernommen, obwohl ich immer gesagt hatte, dass ich das Amt nie übernehmen will.
Sag niemals nie!

Unglücklicherweise wurde am letzten Tag meiner Amtszeit die Kirche von zwei Jünglingen angezündet. Jetzt bin ich die Bürde des Präsidenten zwar los, muss aber dafür sorgen, dass die Kirche vernünftig instand gesetzt wird, weil ich der Einzige im Rat bin, der das fachliche Wissen dazu hat. Eigentlich sollte ich solche Arbeiten nicht mehr übernehmen. Vielleicht ist es aber eine Frage des Standpunktes. Bin ich wirklich der Einzige, der das machen kann? Was passiert, wenn ich unerwartet und plötzlich physisch oder psychisch nicht mehr dazu fähig bin?
Das wäre ja anscheinend möglich.

Dann muss auch jemand anders einspringen. In diesem Bereich muss ich noch viel lernen. Bei einer angefangenen Aufgabe einfach daneben stehen und zuschauen fällt mir nicht leicht.

Es kommen auch immer wieder Zeiten, wo man von lieben Personen Abschied nehmen muss. Manchmal sagen wir: "Auf Wiedersehen, man sieht sich!" obwohl wir genau wissen, dass das höchstwahrscheinlich nicht geschehen wird. Statt sich mit dem Ende zu konfrontieren, drücken wir uns davor, ehrlich zu sein, oder haben einen kleinen Funken Hoffnung, dass es doch noch sein könnte. Ein wirklicher Abschied hingegen hat etwas Endgültiges. Obwohl der Tod zum Leben gehört, wie man plakativ immer wieder sagt, ist der Gedanke, dass man selber oder jemand anders plötzlich nicht mehr da ist, erschreckend und beunruhigend. Man kann und will es nicht wahrhaben. Eigentlich geht es nur darum, dass wir der Vergänglichkeit von allem Irdischen zustimmen. Das ist aber nicht so einfach. Das Für-immer-Abschiednehmen von lieben Personen kann das ganze restliche Leben andauern. Es kommen alle Facetten des Loslassens zusammen, denn es wird immer wieder einen Auslöser geben, der uns die Person ins Gedächtnis zurückruft: Gegenstände, Erinnerungen, Fotos, Aufgaben. Als Trost für einen Bekannten schrieb ich einmal:

"Wir sollten nicht trauern, wenn wir jemanden verloren haben, sondern dankbar sein, dass wir ihn gehabt haben."

Also ist auch hier loslassen nicht einfach loswerden. Ein intelligentes und sinnvolles Loslassen ist dabei gefragt. Meine Therapeutin sagte, ich könne die schlechten Erinnerungen bedenkenlos in einer Schachtel verpacken, aber die schönen soll ich auf eine positive Art erhalten.

Mäander

Wenn ich etwas nicht zu Ende führen kann, bewertete ich dies als Versagen, als Unfähigkeit, meine Aufgabe zu erfüllen oder meine Ziele zu erreichen. In solchen Fällen habe ich allerdings immer wieder alternative Wege gefunden, die trotzdem ans Ziel führten, wenn etwas nicht gerade auf Anhieb glückte. Meine Devise war:

"Wenn man will, kann man alles."

Auch Probleme, die sich unterwegs in den Weg stellten, fand ich nicht behindernd, eher interessant, denn:

"Probleme sind extra dazu erfunden worden, dass man sie lösen soll."

So war das jedenfalls bis vor kurzem. In letzter Zeit habe ich aber oft Probleme mit Problemen. Wenn es zum Beispiel eine Aufgabe zu lösen gibt, habe ich gleich Bedenken, dass etwas schiefgehen könnte. Wenn ich etwas nicht mehr so speditiv oder überhaupt nicht machen kann wie früher, komme ich mir schon alt vor. Dann denke ich:

"Vielleicht wäre es besser, gar nicht anzufangen."

Ich muss mit diesem Problem umgehen und mir immer wieder sagen:

"Nimm es locker. Du musst ja niemandem mehr etwas beweisen oder immer alles selber machen. Wenn du es nicht mehr halten kannst, dann lass es eben los!"

Als ich dies meiner Psychotherapeutin erzählte, meinte sie:

"Es scheint, sie sind langsam im Begriff zu begreifen, dass sie nicht mehr alles im Griff haben können."

Sie lenkte unsere Gedanken auf den Rheinschwimmer zurück:

"Wenn man die Boje losgelassen hat, stellt man fest, dass rundherum alles plötzlich ruhig wird.

Man lässt sich ohne Mühe von der Strömung tragen und kommt in andere interessante Situationen. Denn wer loslässt, hat die Hände frei für Neues."

Man kann neue Aufgaben anpacken, neue Erfahrungen machen und hat das Gefühl, dass alles viel besser geht. Man ist zufrieden. Doch wenn der Fluss unerwartet eine starke Biegung macht, kommt die Fahrt ausser Kontrolle. Man wird plötzlich ans Ufer gespült, hält sich am Ufer fest, kann dem Flusslauf nicht mehr folgen, sondern muss mühsam über steinige, trockene Wege weitergehen. Man hat nicht die richtigen Schuhe, dafür schmerzen die Füsse. Man ist unzufrieden und nichts gelingt mehr. Doch plötzlich kommt man wieder zu einem Fluss. Man muss ihn nur sehen. Vielleicht ist er hinter einem dichten Gebüsch versteckt. Noch ein letzter Effort und man stellt fest, es ist der gleiche Fluss, er hat nur eine Flussschlinge, ein Mäander[37] gemacht.

So habe ich auch erst "den Ernst des Lebens" begriffen, nachdem mein Vater den Geldhahn zugedreht hatte, weil er selber wegen der Kampfscheidung und den Zahlungen an meine Mutter keines mehr hatte. Ich musste plötzlich mit eigenen Füssen über meinen eigenen, steinigen Weg in meine eigene, ungewisse Zukunft gehen. Mit der Zeit spürte ich, aus welcher Richtung mein Fluss wieder kommt. Ich brauchte mich nur ins richtige Fahrwasser zu steuern. Dadurch konnte ich erfolgreich das Ingenieurstudium absolvieren, war plötzlich der Leader in der Klasse und hatte anderen oft geholfen, den manchmal komplizierten Lehrstoff zu verstehen. Ich habe meinen Mäander durchschritten und kam wieder zu meinem Fluss, mit neuem

---

[37] Spektrum, Lexikon der Geographie
www.spektrum.de/lexikon/geographie/maeander/4867

Wasser, neuen Ideen, neuen Freunden und neuem Mut.

Nach über einem Jahrzehnt hatte ich mich auch mit meinem Vater versöhnt. Ja, ich habe auch hier meinen Mäander durchschritten und bin wieder zum Fluss gekommen. Es war aber ein dorniges, scheinbar undurchlässiges Gestrüpp am Ufer. Nur dank meiner lieben Rita konnten wir uns hindurch kämpfen. Wir genossen mehr als 30 Jahre ein sehr schönes Verhältnis. Mein Vater hatte grosse Freude, nicht nur als er wieder die Krippe mit seinem Sodbrunnen sah, sondern vor allem an unseren vier Buben. Und die Enkel hatten einen äusserst lieben Grossvater, mit dem wir alle zusammen sehr viele schöne Stunden mit Tschutten in unserem grossen Garten, Sandburgen bauen im riesigen Sandkasten, Waldspaziergänge mit 'Chlöpfer brötle', Bootsfahrten in Frankreich und tollen Festen erleben durften. Ganz speziell war jedes Jahr das Geburtstagsfest, welches unsere Zwillinge nicht nur am gleichen Tag wie ich, sondern auch noch mit dem vom Grosspapi feiern durften, da alle am gleichen Tag Geburtstag hatten.

Das war sicher auch die Zeit, in der ich alle unangenehmen Erinnerungen in einer Schachtel ganz fest zuschnürte und weit, weit hinten im virtuellen Dachstock versteckte, damit ich sie ja nicht mehr hervorholen konnte. Ohne diesen Ballast war ich freier, fröhlicher und leistungsfähiger. Es scheint allerdings, ich habe unbewusst gleich auch noch die vielen anderen, schönen, lustigen und interessanten Erinnerungen aus meiner Jugend mit hineingepackt, die erst jetzt nach und nach wieder zum Vorschein kommen.

Musik

Die besprochenen Themen und Erinnerungen waren sehr interessant. Sie schienen mir aber keine einleuchtende Lösung für meine Probleme zu bringen. Einzelne Episoden machten mich zwar nachdenklich. Aber dass gerade diese einen so grossen Einfluss auf meine Psyche haben soll, konnte ich nicht nachvollziehen. Vielleicht ist doch irgendwo etwas verborgen, was ich noch nicht gefunden habe. Daher ermunterte mich die Therapeutin: "Erzählen sie einmal von ihrer Musik. Was bedeutet ihnen Musik? Warum haben sie erst im Alter von 50 Jahren Saxophon spielen gelernt? War das eine übliche Midlife-Crisis, wie sie viele Männer in ihrem Alter erfahren?"

Erst beim Erzählen wurde mir nach und nach bewusst, wie Musik für mich schon seit meiner Kindheit immer eine heilsame, wichtige, fast lebenswichtige Rolle gespielt hatte.

Mit heller Stimme

Als kleiner Bub sang ich jeweils, wenn ich am Abend in den dunklen Keller musste, um etwas zu holen. Ich hatte Angst, es könnte sich ein Räuber versteckt haben. Dies wollte ich aber weder den Eltern noch meinen älteren Geschwistern verraten.
"Ich bin ja ein tapferer Junge, der keine Angst hat."
Ich sang möglichst laut und dachte, wenn ich aufhöre zu singen, dann merken die Eltern, dass etwas passiert ist und kommen mir sofort zu Hilfe. Ich sang auch sonst den ganzen Tag immer wieder Lumpenlieder. Ich hatte eine klare, hohe Stimme, sodass meine Eltern mich als jungen Knirps in die Musikschule

nach Basel brachten. Ich sollte in einem kleinen Schülerensemble von Geigenspielerin-
nen mit meiner hellen Stimme langweilige Lieder singen. Das hat mir aber gar nicht gefallen. Zudem waren die anderen alles ältere
Mädchen und fanden mich immer "so herzig
und süss". Dabei war ich schon ein "grosser
Junge". Ich habe es bei den süssen Mädchen
nicht lange ausgehalten. Eigentlich hätte ich
ja viel lieber Saxophon gespielt, aber das hat
meinen Eltern nicht gefallen. Sie sagten:
"Hier steht ein Klavier von deiner Grossmama. Da kannst du Musik machen."

Sie schickten mich zu einer Klavierlehrerin,
die in der gleichen Strasse wohnte. Das gefiel
mir schon besser. Allerdings gefiel es der
Lehrerin nicht lange. Sie meinte, dass ich für
das Klavierspielen nicht geeignet sei, ich könne die Noten nie genau beachten. Dabei versuchte ich immer wieder ihr zu zeigen, wie die
langweiligen Fingerübungen mit schönen Verzierungen aufgelockert werden können. Dafür
hatte sie aber kein Verständnis. Zu Hause
spielte ich trotzdem
viel und oft auf dem
Klavier. Ich spielte
Musikstücke, ohne
Noten, dafür mit vie-
len Verzierungen,
einfach so, wie ich
sie im Radio oder
am alten Grammo-

phon gehört habe. Später hatten wir sogar
zwei Klaviere, eines von der Grossmama und
eines von der Grossmutti. Zum Leidwesen
der Nachbarn, deren Haus an unseres angebaut war, spielten mein ältester Bruder und
ich manchmal auf beiden Klavieren gemein-

sam möglichst laut Boogie-Woogie oder sonst so modernes Zeug. Der Nachbar war im Kirchenchor und wenn er gleichzeitig seine Lieder üben wollte, war er von unserer Musik natürlich überhaupt nicht begeistert. Wenn allerdings sein Sohn, der ebenfalls Klavierunterricht genoss, seine langweiligen Fingerübungen auf dem teuren Klavierflügel ohne Verzierungen machen musste, rebellierte er und wollte auch so wie wir Klavier spielen.

Und wenn ich traurig war, setzte ich mich an eines unserer Klaviere und konnte stundenlang irgendwelche bekannte oder improvisierte Melodien vor mich hin klimpern. Es waren meist melancholische Melodien, die in meinem Kopf herumschwirrten. Meine Mutter fragte mich oft, woher ich überhaupt die vielen schönen Melodien habe.

Klavier verboten!

Im Kollegium in Schwyz, einem katholischen Internat, begleitete ich manchmal einen Cello-spieler aus einer oberen Klasse mit einfachen klassischen Musikstücken. Ich gab mir Mühe, richtig nach Noten und ohne Verzierungen zu spielen. Er sagte immer wieder, dass die Klaviere verstimmt seien und ihn das beim Spielen störe. Er lieh mir einmal "seine" Stimmgabel aus, die allerdings der Singlehrer schon lange suchte. Mit einem Stimmschlüssel, den ich in einem der Zimmer gefunden hatte und mit der Anleitung aus einem Buch aus der Schulbibliothek konnte ich die schrägen Töne der Klaviere selber stimmen. Scheinbar war mein Musikgehör so gut, dass ich die verschiedenen Intervalle gut erkennen konnte. Es gab damals noch kein elektronisches Stimmgerät, nach dem ich mich hätte richten können. Jedenfalls waren danach nicht nur der Cellospieler, sondern auch sein Musiklehrer sehr zufrieden.

Es gab in unserer Abteilung zwei Musikzimmer mit je einem Klavier. Die Zimmer waren nicht gross und sollten immer abgeschlossen sein. Allerdings hielt sich kaum jemand daran. Den Schlüssel konnte man sich beim Vizepräfekten holen, der die Vorschrift auch nicht sonderlich beachtete. Aus der Schulbibliothek besass ich ein Notenalbum mit Sonaten von Haydn, Mozart und Beethoven, das noch heute in meiner Notensammlung steht. Die Klaviersonate KV 545 von Mozart gefiel mir so gut, dass ich sie selbständig im einsamen Kämmerlein gelernt habe. Ein Musiklehrer wurde auf mich aufmerksam und gab mir sporadisch kostenlosen Unterricht in Harmonielehre. Ob meine Improvisationen so schlecht waren oder nur noch einen letzten Schliff brauchten, weiss ich nicht. Er besorgte mir jedenfalls aus der Bibliothek ein Buch, das ich allerdings auch nie zurückbrachte, denn es ist schon so alt, dass es im Kollegi, wie ich dachte, sicher nicht mehr gebraucht werden kann. Es wurde von *"Prof. Dr. S. Jadason, Lehrer am königlichen Konservatorium der Musik zu Leipzig 1883"* verfasst und steht jetzt in der Sammlung meiner anderen Musikbücher. Ich habe es später oft für die Transkription und Bearbeitung von Musikstücken wieder hervorgeholt.

Der Musiklehrer, ein privater Musiker aus dem Dorf, entdeckte wahrscheinlich das musikalische Talent in mir und ermöglichte, dass ich, damals 14-jährig, an einer Abschlussveranstaltung, die jeweils Ende des Schuljahres in der Aula stattfand, auftreten durfte. Der Saal war mit allen 500 Studenten voll besetzt. Die Scheinwerfer blendeten mich zum Glück so sehr, dass ich sie nicht wahrnehmen konnte und nicht nervös wurde. Ich spielte alle drei Sätze der Mozart-Sonate KV 545 auswendig auf einem richtig grossen, schwarzen Klavierflügel. Ohne Fehler und ohne Verzierungen! Der Applaus war gross. Mein Spiel gefiel allen, nur nicht dem Lateinlehrer. Jetzt sei ja klar, warum ich schlechte Noten in Latein habe, wenn ich immer nur Klavier spiele statt Latein lerne. So wurde mir kurzerhand so lange das Klavierspielen verboten, bis ich bessere Noten vorweisen könne. Allerdings half dies meinen Lateinkenntnissen nicht wirklich weiter.

Dafür musste ich andere Möglichkeiten suchen, in ein Musikzimmer zu gelangen, wenn es dummerweise wieder einmal von einem pflichtbewussten Musikschüler abgeschlossen wurde. Ich hatte festgestellt, dass die schwächste Stelle die alten Fenster waren. Sie schlossen nie richtig und so konnte ich sie von aussen mit dem Taschenmesser auf einfache Art öffnen. Allerdings musste ich dazu vom Gang aus zwei Armlängen weit auf einem Fassadensims zum Zimmer klettern. Ich war schwindelfrei, obwohl der Boden viele Meter unter mir war. Aber ich konnte mich an einem Ablaufrohr festhalten. In meinem jugendlichen Drang, Klavier zu spielen, sah ich keine Gefahr darin, zwischendurch einen Umweg über die Fassade zu machen. Wenn ein anderer Schüler ins Zimmer wollte, hörte ich sein Hantieren mit dem Schlüssel an der Tür, die immer etwas klemmte, und konnte rechtzeitig wieder verschwinden, oder ich musste schnell eine gute Ausrede erfinden, warum ich im geschlossenen Zimmer Klavier spielen musste.

Das ging über eine lange Zeit gut, bis einmal beim akrobatischen Rückweg zufällig zwei Patres, ausgerechnet zu dieser Zeit, im Gang vor den Musikzimmer auf und ab gehen mussten, um ihr Brevier zu beten. Sie blieben überrascht stehen, sagten aber kein Wort, schauten mich nur an, als ob ich direkt aus dem Fegefeuer zurückkäme. Kaum war ich im Studiersaal, ich konnte nicht einmal einen Krimi hervorholen, da kam schon mein sonst fröhlicher Präfekt und forderte mich in amtlicher Miene auf, mit ihm zu kommen.
Hat er etwa mein Krimiversteck entdeckt?

In einem Raum sassen mehrere Patres mit sehr ernster Miene. Da muss etwas ganz Schlimmes vorgefallen sein! Sind etwa meine Eltern plötzlich gestorben? Ein alter Herr schaute noch ernster als alle anderen und fragte, wo ich war, bevor ich zum Fenster in den Gang hereinsprang. Die beiden Patres, die im Gang gebetet hatten, waren auch hier und durchbohrten mich mit messerscharfen Blicken.

Oha - mir ahnte nichts Gutes.

Unter solchem Psychoterror kam mir überhaupt keine Ausrede mehr in den Sinn und ich musste widerwillig mein lange gehütetes Geheimnis verraten. Aber scheinbar wollte keiner meinen Kletterkünsten glauben, obwohl die beiden Patres mich doch mit eigenen Augen gesehen haben. Ich bot ihnen beherzt an, meine schwindelfreien Fertigkeiten zu zeigen und sie müssten ganz sicher keine Angst haben, dass etwas passiert. Und wenn ich wieder einen Schlüssel für ein Klavierzimmer haben dürfte, würde ich das auch ganz sicher nicht wieder machen. Allerdings hat auch dieses interessante Angebot nicht überzeugt. Der alte Herr schaute mich nur erstaunt an. Meine Kletterpartie fand in einem Innenhof statt und er behauptete plötzlich, ich sei von der anderen Seite des Hofes gekommen.

Ich fragte interessiert: "Gibt es denn dort auch ein Klavier?"

Da schrie er mich förmlich an: "Nein, da sind die Schlafzimmer der Küchenmädchen!"

Ich wurde wie vom Blitz getroffen. Die Küchentiger! So nannten wir die jungen Mädchen, die in der Küche halfen, das Essen zuzubereiten. Sie waren zum Deutschlernen hier. Man sah sie nur selten. Höchstens zufällig einmal durch die angelehnte Officetür, sorgfältig von Klosterfrauen bewacht. Ich hatte sie eigentlich nie richtig beachtet. Für mich waren Mädchen sowieso seit der Kindergartenfreundin langweilig. Man konnte sie für keinen ernsthaften Streich gebrauchen, denn sie kicherten immer im falschen Moment. Ja, und was hätte ich jetzt bei diesen Küchentigern machen sollen, wenn sie gar kein Klavier haben? Ich gab kleinlaut zu, dass ich schon mehrere Male verbotenerweise Klavier gespielt habe und das sofort beichten gehe. Etwas leiser fügte ich hinzu, ich würde das sicher nicht wieder machen. Dabei hoffte ich, dass dieses Versprechen niemand gehört hat, denn ich konnte das Klavierspielen doch nicht lassen und die Lateinnoten wollten dummerweise immer noch nicht besser werden.

In der folgenden Zeit besuchte ich ein privates Gymnasium in Basel. Fremdsprachen wie Latein und Französisch waren immer noch meine Problemfächer. Die attraktive französische Sprachlehrerin konnte mich auch nicht wesentlich weiterbringen. Einmal sagte sie:
"Sie müssen sich eine französische Freundin zulegen, sonst werden sie nie die schönste Sprache der Welt lernen".
Das klappte aber nicht so richtig, weil ich für das Parlieren mit einer potenziellen französischen Freundin zu wenig Französisch konnte.

Allerdings spielte ich sowieso viel lieber an einigen Tagen in einem Restaurant zum Nachmittagstee, statt die Schule zu besuchen. Das Restaurant hiess "Versailles", nach dem berühmten Château nahe von Paris. Es war eine alte Beiz[38] in einem Quartier auf der anderen Seite der Stadt, wo niemand vorbeikam, der mich kannte und hätte ver-

---

[38] Schweizerisch für Restaurant, Kneipe

petzen können. Die alten Leute
tranken Kaffee oder Tee und
assen süsse Torten. Sie fanden schnell heraus, dass ich
Süssigkeiten liebte und spen-
dierten mir oft einen feinen Zvieri. Ich war natürlich kein richtiger Barpianist und klimperte
einfach bekannte Melodien aus
dem Gedächtnis, wie ich das
zu Hause tat. Zwei Zettel mit
den von Hand hinkritzelten Ti-

teln waren meine "Noten". Ich habe sie vor kurzem
in einer Schachtel wiedergefunden. Die Restau-
rantgäste hatten trotzdem immer grosse Freude an
meinem Spiel und ich am kleinen Taschengeld von
der Wirtin.

Natürlich durfte ich zu Hause nichts davon erzählen, denn das Klavierspielen verbesserte meine
Fremdsprachenkenntnisse offensichtlich immer
noch nicht.

Saxophon statt Burnout

Erst in der Ingenieurschule fand ich Freude und Erfolg im Studium. Ich hatte kurz zuvor Rita geheiratet. Sie ist Handarbeitslehrerin und hat drei Jahre weitergearbeitet, um mein Studium zu finanzieren. Dafür habe ich zu Hause abgewaschen. Später war es dann umgekehrt. In der Mietwohnung durfte man nur zu gewissen Zeiten Klavier spielen, also kaufte ich mir eine günstige elektronische Orgel, an der ich einen Kopfhörer anschliessen konnte. Doch das Ingenieurstudium war faszinierend und hatte absolute Priorität. Daher vernachlässigte ich mein Musizieren mehr und mehr, konsumierte Musik höchstens beim Hören meiner vielen Langspielplatten.

Ich liebte meinen späteren Beruf als Bauingenieur. Man sah mich nie im weissen Hemd und Krawatte, was früher eigentlich dazu gehörte. Dafür musste ich immer ein My^{39} besser als die anderen sein. So lautete meine Devise. Das hat mich natürlich mit ständiger Weiterbildung gefordert und ich machte bald Karriere. Durch mein breites Wissen in fast allen Fachgebieten der Baukunst war ich für alle Bereiche der Infrastruktur unserer Firma zuständig. Meine Aufgabe hielt mich so sehr in Bann, dass ich glaubte, immer noch keine Zeit für das Musizieren oder weitere Hobbys zu haben. Ich war täglich mit meiner Arbeit beschäftigt und gönnte mir viel zu wenig Freizeit. Einmal war ich vom vielen Telefonieren und Diskutieren so heiser, dass ich nicht mehr sprechen konnte und der Arzt mich für eine Woche krank schrieb. Wahrscheinlich wollte er mich damit zwingen, wieder einmal Ferien zu machen. Ich ging aber trotzdem jeden Tag spätabends ins Büro, damit ich niemanden treffe und keine Telefonanrufe beantworten musste.

---

^{39} Vorzeichen von Masseinheiten: μ = ein Millionstel

Tagsüber machte ich Homeoffice, ohne dem Hausarzt etwas zu verraten. Ich wusste ja gar nicht, wie ich ihm das erklären sollte, da das Wort 'Homeoffice' überhaupt noch nicht erfunden worden war. Das Internet war noch in den Kinderschuhen, aber als EDV-Verantwortlicher konnte ich mir über die Telefonleitung eine eigene Verbindung zu meinem Computer im Büro herstellen. Manchmal musste ich meine Familie alleine in die Ferien schicken und kam ein paar Tage später oder überhaupt nicht nach, weil ich glaubte, unbedingt noch etwas beenden zu müssen. Ich war so von meiner vielseitigen Arbeit und der Verantwortung in der Firma fasziniert, dass ich die Gefahr nicht realisierte, die davon ausging. Doch noch vor meinem 50. Geburtstag machte sich meine dadurch strapazierte Gesundheit dramatisch bemerkbar.

> Ich fahre mit dem Auto nach Hause. Es ist wieder einmal später geworden. Der Direktor hat mich gebeten, bei einer Besprechung mit seinem Vorgesetzten, dem Delegierten des Verwaltungsrates, dabei zu sein.

Eigentlich ist ja der Direktor der oberste Chef, der CEO, wie man heute sagt. Wenn ein Verwaltungsrat einen Delegierten in der Firma einsetzt, kann das zwei Gründe haben: Entweder, der Direktor ist nichts wert und man kann ihm aus irgendwelchen Gründen nicht kündigen. Oder der Verwaltungsrat muss wichtige strategische Entscheidungen herbeiführen, wofür der Direktor neben den operativen Arbeiten keine Kapazitäten frei hat.

Beides traf bei uns allerdings nicht zu. Der Delegierte war zwar ein gewiefter Geschäftsmann, verstand aber wenig von Technik und unserem Betrieb. Dafür war er ein redegewandter Politiker und Freund des parteigleichen Verwaltungsratspräsidenten und wollte selber Direktor spielen, weil sein eigenes politisches Amt eben gerade abgelaufen ist. So versuchte er mit allen möglichen Tricks, dem Direktor das Leben schwer zu machen. Auch noch so gute Ideen wurden abgeschmettert und meistens etwas später als eigene Ideen dem Verwaltungsrat vorgelegt. Ich selbst stand jeweils zwischen beiden und musste versuchen, die gegenseitigen Anschuldigungen abzufedern. Als Vizedirektor war ich eigentlich dem Direktor unterstellt. Aber als Einziger in der Firma mit dem technischen Spezialwissen musste ich beide beraten und vor allem dem Delegierten das technische Verständnis beibringen in der Hoffnung, dass er richtige Entscheidungen trifft.

Nicht immer hatte ich dabei Erfolg, worüber ich mich ärgerte und mir selbst Vorwürfe machte, dass ich die Sache nicht richtig erklärt habe. Als Verantwortlicher für die gesamte Technik und Sicherheit regte ich mich dann über Fehlentscheidungen auf und versuchte alles wieder ins Lot zu bringen, ohne dass es der Delegierte merken sollte. Allerdings sagte er einmal nach einer heftigen Diskussion zwischen uns beiden resigniert: "Ach, Sie machen es am Schluss doch so, wie Sie es wollen!" und war sicher froh, dass immer alles gut gelang. Aber dies auch einmal zugeben oder wenigstens Danke sagen, konnte er nicht.

Ich war also am Gespräch zwischen den spannungsgeladenen Wetterfronten und versuchte sachlich die Wogen zu glätten. Es ist leider zu keiner vernünftigen Entscheidung gekommen und ich habe mich wieder fürchterlich aufgeregt.

So fahre ich am Abend nach Hause. Ich will meinen Kopf etwas auslüften, mache das Fenster auf und fahre einen Umweg, damit ich mehr Zeit habe, mich zu beruhigen, so wie ich es schon oft gemacht habe. Ich wollte meine Familie nicht auch noch damit belasten. Doch diesmal will meine innere Unruhe überhaupt nicht mehr zur Ruhe kommen. So ein Blödsinn, was die beiden wieder herausgelassen haben: Keine Logik, keine sachliche Diskussion, nur Blitze, Donner und giftige Pfeile.

Es wird mir unwohl.
"Vielleicht habe ich nur Hunger oder einen Kaffee nötig."
Ich klammere mich etwas fester ans Steuerrad. Doch dann ...

... ich weiss es nicht mehr ...

Es klopft.
"Hallo, ist alles in Ordnung?"
Es klopft nochmals. Ich öffne die Augen. Es ist dunkel. Ein älterer Herr schaut zum offenen Autofenster herein.
"Ist Ihnen nicht wohl? Kann ich helfen?"
Ich habe etwas Mühe, meine Gedanken zu ordnen. Was ist passiert? Wo bin ich?
"Ehm, nein danke, ich mache nur ein kleines Nickerchen" höre ich mich selber sagen.
"Soll ich nicht lieber einen Arzt rufen?"
"Nein, es ist alles okay".

Ich bin zwar wieder wach, aber "okay" ist vielleicht nicht so der richtige Ausdruck. Ein Nickerchen machen sieht ja wohl etwas anders aus. Ich sitze zusammengesunken im Autositz. Ach ja. Ich wollte nach einer Besprechung nach Hause fahren und wundere mich aber, dass ich jetzt mit dem Auto auf einem

Kiesplatz stehe. Es scheint, dass ich während der Fahrt ohnmächtig geworden bin und mein Auto hier abseits der Strasse stehen geblieben ist. Beim Wegfahren sehe ich im Rückspiegel, wie mir der ältere Herr in Begleitung seines kleinen Hundes etwas gedankenvoll nachschaut bis ich um die nächste Kurve fahre. Vielleicht sollte ich mir auch etwas mehr Gedanken über meine Arbeit und meine Gesundheit machen.

In meinem Beruf konnte ich sehr viel bewegen und Projekte mit oft unkonventionellen Lösungen anstossen und kreativ mitgestalten. Meine Arbeit mit den vielen gleichzeitig laufenden Projekten und der operativen Leitung in meiner Abteilung faszinierte mich täglich aufs Neue. Durch meine breite Erfahrung war ich in der Branche als Problemlöser und Wegweiser weit über den Kanton hinaus geschätzt und beliebt. Nur meine beiden Herren wollten dies nicht anerkennen. Heute kommen mir die beiden wie Rheinschwimmer im falschen Fluss vor. Der eine brauchte seine ganze Energie um den anderen hinunterzudrücken und der andere brauchte seine Energie um an der Oberfläche zu bleiben. Was rechts und links schwimmt, sahen sie nicht. Dabei glaubte ich, dass ich ihre Wertschätzung gar nicht bräuchte und selber besser wüsste, was ich gut oder weniger gut gemacht habe. Sollen sich eben andere mit falschen Lorbeeren schmücken. In solchen Situationen bin ich mit meinem Depotchef in das firmeneigene Restaurant bei der Endhaltestelle gefahren. Die Inneneinrichtung, inklusive Küche, hatte ich selbst entworfen. Der Depotchef war für mich immer wieder ein wertvoller Gesprächspartner aus der Praxis, um nicht alles am "grünen Tisch" entscheiden zu müssen. Zur Feier des Tages assen wir jeweils einen grossen Nussgipfel oder einen noch grösseren Eis-Coupe und besprachen schon wieder einen Lösungsweg für das nächste Problem.

Aber die unnötigen Diskussionen mit meinen beiden Vorgesetzten, das ständige auf der Hut sein, nichts zu sagen, was dem einen Stoff geben könnte, den anderen wieder zu ärgern, machte mich selber fertig. Ich war ständig innerlich nervös und konnte schlecht schlafen. Oft bin ich wieder aufgewacht und grübelte stundenlang über blödsinnige Probleme nach, die in der Nacht zu grossen Ungeheuern anwuchsen. Wenn ich morgens nicht mehr einschlafen konnte, bin ich schon um 5 Uhr ins Büro gefahren und am Abend trotzdem nicht früher nach Hause gekommen. Dazwischen gab es Tage, wo meine inneren Batterien total leer waren und ich nur noch durch ständige Forderungen von aussen angetrieben wurde. Damals war das Wort "Burnout" noch nicht en vogue. Ich versuchte einfach, mir meine Probleme auszureden. Bis nach diesem Abend mit dem unfreiwilligen Zwischenhalt auf dem Kiesplatz.

Ich habe in der folgenden Nacht wieder sehr schlecht geschlafen. Am Morgen bin ich besorgt. Wahrscheinlich sollte ich einen Gesundheitscheck machen lassen. Kaum im Büro rufe ich meinen Hausarzt an, will nur schnell einen Termin abmachen und erzähle ihm mein gestriges Erlebnis. Er sagte, ich solle sogleich zu ihm in die Praxis kommen.
"Nein, das geht jetzt unmöglich. Ich habe in einer halben Stunde eine Besprechung und muss mich noch etwas vorbereiten und danach muss ich ..."
Er fiel mir ins Wort: "Wenn sie nicht sofort kommen, hole ich sie mit dem Notfallwagen und Blaulicht ab!"

Er ist Notarzt und hat das Auto immer vor seiner Praxis stehen. Nein, nur das nicht! Dann schauen alle zum Fenster raus und meinen ich sei schwer krank.

Der Arzt hat dann zwar trotz EKG und anderen verrückten Untersuchungen nichts gefunden, um mich ins Spital einzuweisen. Er kannte mich schon viele Jahre und wusste auch, mit welchem Trick er mich sofort in die Praxis locken konnte. Wir plauderten nicht, wie schon oft, über Computer und seine schönen Fotos aus der Wüste Gobi, sondern er redete sehr eindringlich und lange über meinen Arbeitsstil und eventuelle gesundheitliche Folgen. Es wurde mir dabei klar, etwas muss ich für meine Gesundheit unternehmen. Ich muss irgendwas anderes machen, als nur Beruf und Technik. Ich brauche vor allem irgendeine Abwechslung, die mir helfen kann, am Abend abzuschalten. Dies war allerdings einfacher gesagt als getan. Am nächsten Tag war ich schon wieder in der alten Hektik. Ich liebte es, wenn ständig neue Herausforderungen kamen und ich überall gebraucht wurde.

Ein paar Tage später fuhr ich mit dem Tram zu einer Besprechung in die Stadt und las meine Vorbereitungen nochmals durch, da ich mit meinen Argumenten die anderen überzeugen wollte. Ich hatte den Fahrplan wie immer genau eingehalten, um nicht zu spät aber auch nicht zu früh, sondern gerade zur Zeit dort zu sein.

Doch halt, jetzt habe ich die Haltestelle verpasst!

Notbremse ziehen.

Nein das darf ich nicht.

Bei der nächsten Haltestelle raus.

So ein Mist, bis der Gegenkurs für die Rückfahrt kommt, dauert es viel zu lange. Zu Fuss bin ich schneller. Ich verabscheue es, zu spät zu kommen.

Im Sturmschritt gehe ich unter dem alten Stadttor hindurch und haste über das Trottoir. Ich komme an verschiedenen Schaufenstern von alten Vorstadtgebäuden vorbei. Ich liebe alte Schaufenster, aber heute habe ich keine Zeit, hineinzuschauen. Plötzlich jedoch bleiben meine Beine gebieterisch stehen.
Im rechten Augenwinkel hat etwas Goldenes aufgeblitzt. Ich drehe mich um und starre ins Schaufenster.

Ein Saxophon!

Ich sehe nur das eine Instrument. Es fesselt meine Blicke mit magischer Kraft und will mich nicht mehr loslassen. Gleichzeitig hallt die Erinnerung durch meinen Kopf, wie ich als Bub immer Saxophon spielen wollte und das meinen Eltern eben gar nicht gefiel. Das Saxophon war in jener Zeit erst wieder mit dem Jazz, den meine Eltern sowieso nicht mochten, von Amerika nach Europa zurückgekommen. Zu Hause hiess es:
"Diese Musiker sind alle gaga. Hier steht ein Klavier. Da kannst du Musik machen."
Seither sind jedoch 30 Jahre vergangen und ich kann selbst entscheiden:
"Das ist die Lösung!"

Beim Öffnen der Ladentüre spielt ein Glöckchen wie im Quartierlädeli, wo meine Mutter unsere täglichen Einkäufe besorgt hatte.

"Ich möchte ein Saxophon kaufen".
"Moment, es kommt gleich jemand".

Das Lokal ist schmal und lang in einem alten, zwischen den Nachbarn eingeklemmten Haus. Auf den Wandregalen sind grosse und kleine Blasinstrumente: Blockflöten, Querflöten, Klarinetten, Oboen, Panflöten, Melodicas, Mundharmonikas oder Schnuuregyyge, wie man in Basel sagt. Ein grosses Fagott steht auf dem Ständer am Boden. In einem anderen Regal sind viele Noten, Hefte und Zubehörteile. Ganz hinten im Raum blicke ich durch die offene Tür in eine kleine Werkstatt. Zwei Männer diskutieren und ein Piccolo spielt irgendwo. Es klingt wie an der Fasnacht. Ich fühle mich plötzlich in eine ganz andere, unbekannte Welt versetzt, die mich fesselt und fasziniert.

"Sie interessieren sich für ein Saxophon?"
Ein Mann weckt mich erbarmungslos aus meinem Staunen.
"Kommen Sie mit."
Fast widerwillig folge ich ihm die Treppe hinunter ins Untergeschoss und komme nochmals in eine andere, neue Welt. Ich fühle mich wie in einer überdimensionierten Bijouterie-Vitrine. Überall glitzert es wie von Gold und Silber. Die vielen Blasinstrumente werden von hellen Halogen-Lampen angestrahlt. Es ist warm. Ich komme aus dem Staunen nicht heraus.

"Was für eines soll es denn sein, ein schöner Bass, ein Tenor, oder vielleicht Alt?"
"Nein, nein, ich möchte ein neues, ich habe es im Schaufenster gesehen."
"Aha. - Da sind aber mehrere Instrumente."
"Ich habe aber nur eines gesehen. Etwa so gross". Dabei zeige ich mit den Händen die Grösse an.

Der Verkäufer schaut mich etwas verwundert an.

"Denken Sie an ein Alt-Saxophon?"

Er zeigt auf verschiedene Instrumente in einem Gestell.

"Vielleicht dieses hier oder das andere dort? Wir haben verschiedene Marken in unterschiedlichen Preislagen."

Meine Augen gleiten unschlüssig über die vielen glänzenden Instrumente. Er nimmt eines vom Gestell.

"Dies ist ein gutes und preiswertes. Wollen sie es einmal ausprobieren?"

"Ehm - können sie es mir vielleicht vorspielen?"

Nach umständlicher Montage des Mundstücks und Spielen von drei oder vier Tönen höre ich mich selber sagen:

"Ja, genau das will ich haben".

Spätestens jetzt hat der Verkäufer wohl bemerkt, dass ich eher wenig vom Saxophonspiel verstehe und sagt:

"Sie können es auch mieten und wieder zurückbringen, wenn es ihnen nicht passt ".

Ich sage zu mir selbst: Nein, nein - nur kein offenes Türchen für einen Rückzug. Ich muss es kaufen.

Mit dem Saxophonkoffer an der Hand und einem Lehrbuch von Iwan Roth unter dem Arm will ich die neue Welt des Musikgeschäfts verlassen.

"Hallo, hier steht eine Aktenmappe. Gehört die ihnen?"

Verflixt - die Besprechung!!!

Dazu war es nach diesem längeren Zwischenhalt allerdings definitiv zu spät.
Was soll ich machen?

An die Besprechung konnte ich nicht mehr und ins Büro wollte ich nicht mehr. So bin ich zur grossen Überraschung meiner ganzen Familie schon um 16 Uhr nach Hause gekommen.

"Was ist los?"
"Bist Du krank?"
"Was hast du da mitgebracht?"
Meine vier Buben, alle in der Dorfmusik, oder auf Neudeutsch "Brassband" mit Trompeten, Hörnern und Posaunen, wunderten sich sehr über das Saxophon.
Woher hast du das?"
"Wem gehört das?"
"Willst du das selbst spielen?"
"Ja kannst du Sax spielen?"

"Nein, aber das will ich jetzt lernen."

Wir setzten uns alle ins Wohnzimmer und einer nach dem anderen probierte dem Instrument einen anständigen Ton zu entlocken.
"Gib mal her."
"Nicht so fest blasen!"
"Das kannst du nicht, das ist keine Posaune."
Bald stand der älteste Sohn auf, ging an der Küchentür vorbei mit der abgeklärten Bemerkung:
"Mami, jetzt ist Papi endgültig bei Rot durchgeknallt".

Mit dem Lehrbuch brachte ich mir das Saxophonspielen selber bei. Dies beanspruchte meine Aufmerksamkeit jeden Abend derart intensiv, dass es mich von den täglichen Gedanken des Berufs ablenkte und vom drohenden Burnout verschonte.

Jeden Abend lernte ich aus der "Schule für Saxophon" von Iwan Roth, einem Saxophonspieler und Professor an der Musikhochschule Basel. Ich bearbeitete akribisch jede Seite. Über das Instrument, die Haltung beim Spielen und von der ersten bis zur letzten Übung. Danach kam noch ein zweiter Band dazu und ein halbes Dutzend andere Saxophonschulen mit Anweisungen für Spieltechnik, Soundbildung, Jazz und andere Musikstile, sowie unzählige Noten für irgendwelche Instrumente. Ich spielte mit meinen Söhnen zusammen an Weihnachten oder Geburtstagen. Mit der Zeit war mir dies aber zu alltäglich, zu gewöhnlich. Ich wollte etwas Neues machen, etwas Eigenes. Seit meiner Jugend hat sich mein Interesse stark an klassischer Musik orientiert und ich fragte mich:
"Könnte ich mit dem Saxophon auch klassische Musik des 18. Jahrhunderts spielen?"

Ich vertiefte mich in die Literatur über barocke Musik und erfuhr, dass damals die Musikstücke oft mit anderen als vom Komponisten vorgesehenen Instrumenten gespielt wurden. Man spielte mit dem Instrument, das man gerade hatte, sofern es einigermassen passte. Bruce Haynes (1942-2011) schrieb über das Musizieren im Barock:[40]

> *Das Instrument war von untergeordneter Bedeutung für die musikalische Idee und wenn ein bestimmtes Instrument dazu gebracht werden konnte, es zu spielen, ohne die Integrität des Stücks zu beeinträchtigen, gab es grundsätzlich kein Problem bei der Transkription.*

---

[40] Bruce Haynes: "The Eloquent Oboe. A History of the Hautboy from 1640 to 1760"   ISBN 0-19-816646-X

So war also meine Idee für barockes Verständnis eigentlich ganz "in". Auch ich wollte die Integrität des Stücks beibehalten und so klassisch wie möglich spielen, sodass sich kein Komponist im Grab wegen meines Spiels umdrehen müsste.

Einige Zeit später "entdeckte" mich eine erfahrene Organistin, als ich die Akustik meines Instruments in unserer hallenden Kirche erleben wollte. Wir spielten zusammen in Gottesdiensten, Beerdigungen und Festlichkeiten in verschiedenen Kirchen der Umgebung. Allerdings gibt es verständlicherweise keine Kompositionen und Noten aus der barocken Zeit für Saxophon, da Herr Sax dieses Instrument erst viele Jahre später erfunden hat. So habe ich alle Musikstücke für das Spielen mit Saxophon und Orgel umgeschrieben. Aufgrund einer CD des jungen Saxophonspielers Koryun Asatryan hatte ich eine klare Vorstellung, wie mein Sound klingen sollte. Allerdings brauchte ich dazu mehr als fünf Jahre und kaufte in dieser Zeit zwei neue Instrumente, mehr als 15 verschiedenen Mundstücke und unzählige verschiedene Spielblättchen.

Später habe ich eine ausgebildete Organistin aus Japan kennengelernt, die eine Blockflötenspielerin mitgebracht hat. Beide hatten historica Aufführungspraxis studiert und fanden es toll, mit mir Musik zu machen. Es war eine grosse Bestätigung für meine Bemühungen, das Saxophon so zu spielen, dass es zu klassischen Instrumenten passt. Das hatte zur Folge, dass ich Partituren grösserer Musikwerke, wie Sonaten, Quintette oder Konzerte aus Barock bis Klassik bearbeitete. Die beiden Musikerinnen waren sehr kritisch und ebenso anspruchsvoll. Ich lernte dadurch viel über das Aufführen von barocker Musik und nebenbei auch über das Orgel- und Flötenspiel. Mein eigenes Spiel musste ich immer weiter verbessern um das

Saxophon durch entsprechende Intonation und Klangfarbe dem klassischen Charakter der Musikstücke anzupassen. So entstand jeweils eine neue Interpretation eines Werks, die derart klassisch klingt, als ob sie schon damals für diese Instrumente komponiert worden wäre. Ich bin überzeugt, wenn das Saxophon 100 Jahre früher erfunden worden wäre, hätte Mozart auch Saxophon gespielt.

Die zwei jungen Musikerinnen haben mir eine neue Welt eröffnet, die ich wahrscheinlich im Unterbewusstsein, zu Hause, im Kollegium und beim Nachmittagstee, schon jahrelang erträumt hatte: Ich wurde selbst Musiker und konnte in einem hochstehenden Ensemble mitspielen. Vorbereiten, arrangieren, üben, organisieren, Aufregung, Erfolg, Befriedigung, waren für mich ein unglaublicher Antrieb, wie ich es vorher nie erfahren hatte.

Das Saxophonspielen ist wie eine tägliche Nahrung geworden. Ich habe in den umliegenden Gemeinden verschiedene kleine Konzerte mit Saxophon, Flöte und Orgel oder Cembalo aufgeführt. Es war eine wunderbare ...

... aber leider kurze Zeit.

- - -

Nach langer Pause fragte mich die Therapeutin: "Und jetzt? Was spielen sie jetzt?"

- - -

"Nichts", antwortete ich trostlos. "Alle Stücke habe ich für Saxophon, Blockflöte und Orgel arrangiert. Ich kann sie nicht mehr spielen, sie erinnern mich zu sehr an diese schöne Zeit, die so plötzlich und rabiat beendet wurde."

Die Therapeutin hielt den Kopf etwas schräg und schaute mich lächelnd an.

"Die Zeit ist nicht zu Ende. Das ist nur wieder eine weitere Flussbiegung. Die Strömung war turbulent und sie haben ihren Kopf heftig am Ufer angeschlagen. Behalten sie die schönen Erinnerungen und verwahren sie nur die unangenehmen in einer hübschen, kleinen Schachtel. Sie haben den Mäander schon fast durchschritten. Jetzt müssen sie nur noch Musik machen und ihren Flusslauf wiederfinden".

Musik als Therapie

Die Therapeutin hat recht, ich muss wieder mehr Musik machen! Früher spielte ich problemlos zwei bis drei Stunden Saxophon pro Tag. Beim Surfen im Internet über ein anderes Thema bin ich zufällig auf die Website der "Stiftung Kreatives Alter"[41] gestossen:

> *«Wettbewerb für Aktive und Kreative über 70 aus dem In- und Ausland. Sie schreiben, forschen, musizieren oder komponieren? Dann laden wir Sie ein, sich an unserem Wettbewerb zu beteiligen.»*

Bin ich damit gemeint? Das ist genau das Richtige für mich. Ich soll doch wieder vermehrt Musik machen. Das ist die richtige Herausforderung, die ich jetzt brauche. Mein Flusslauf ist in der Nähe, ich muss nur mutig etwas riskieren und neu anpacken. Die Stiftung wurde vom Bankier Dr. Hans Vontobel gegründet mit dem Leitsatz:

> *«Man muss im Leben immer wieder etwas riskieren und Neues ausprobieren!»*

Bis ich aber wirklich meine Noten wieder spielte, musste ich mich in mehreren Anläufen dazu überwinden. Nach langem Zaudern meldete ich mich an und liess mir die Unterlagen schicken. Der Abgabetermin: 30. April. Uff, das ist schon bald. Das wird sportlich.

Zum Glück hatten wir in der Pfarrei seit einiger Zeit wieder eine wunderbare Organistin und stellten erfreut fest, dass die Chorleiterin ebenso wunderbar Flöte spielen konnte. Zum Glück? Aber wie heisst es doch: Wenn das Glück erscheint, muss man es

---

[41] Stiftung Kreatives Alter:
www.stiftung-kreatives-alter.ch/stiftung.html

am Schopf packen. So wörtlich tat ich es bei den beiden Musikerinnen natürlich nicht, sondern fragte sie freundlich, ob sie bei meinem Projekt mitmachen wollen. Sie waren sofort begeistert. Wir spielten das Hornquintett von Mozart mit drei Sätzen und haben es auf DVD aufgenommen. Weil die Musikerinnen auch anderweitig beschäftigt waren, konnten wir leider erst spät mit den Proben anfangen und der Eingabetermin rückte immer näher. Die beiden Musikerinnen waren Profis und ich selbst kannte das Konzert von früheren Auftritten. So mussten wir nicht oft zusammen üben. Doch zu Hause hatte ich wieder eine Herausforderung, die mich täglich beanspruchte. Mein Beitrag zum Wettbewerb war aber nicht primär das Musizieren, sondern meine Kreativität, solche Musik bearbeiten zu können. Ich schrieb als Einleitung in meinem Begleittext:

Die Herausforderung bis zur Fertigstellung der DVD ist grösser, als es beim oberflächlichen Zuhören erahnen lässt. Für mich ist es ebenso wichtig, wie die Aufführung zustande kam, denn darin liegt die eigentliche Kreativität, die ich zur Bewertung eingebe.

Ich habe beschrieben, warum ich so plötzlich ein Saxophon kaufen musste und was es braucht, autodidaktisch ein Instrument zu lernen und Musikstücke aus der Klassik für Saxophon und ein Kammerorchester zu transkribieren und zu spielen. Die letzten 14 Tage habe ich nichts anderes gemacht als die DVD und den Text zu bearbeiten und befürchtete, dass ich den Eingabetermin nicht einhalten könne. Zum Glück wurde er aus irgendwelchen Gründen um eine Woche verschoben und es hat gereicht.

Ich hatte keine Ambitionen, einen Preis zu gewinnen. Einzig das Mitmachen, Durchhalten und Erreichen des Ziels war mir wichtig. Es hat mir ungemein gutgetan, denn seither spiele ich wieder jeden Tag und habe wieder neue, schöne Musikstücke gefunden, die ich noch bearbeiten will.

Die Therapeutin hatte recht. Ich habe den Mäander durchschritten und komme wieder in Fahrt. Seither sind auch meine permanenten Rückenschmerzen auf ein Minimum zurückgegangen. Ich schlafe besser, der Blutdruck hat sich rapide gesenkt. Die anfangs beschriebenen emotionalen Folgen sind zwar immer noch vorhanden, aber stark abgeschwächt. Ich möchte fast sagen: Ich habe meine Emotionen wieder fest im Griff. Oder habe ich doch noch gelernt, wie ich meine eigene Seele umarmen kann?[42] Mit Musik umarmen? Habe ich das wirklich erst jetzt herausgefunden? Habe ich das nicht schon früher am Klavier gemacht, als Bub zu Hause oder im Kollegium, als Jüngling am Nachmittagstee? Und danach habe ich wegen meines dichten Schutzmantels einfach vergessen, wie das geht.

Oder ist das vielleicht die verlorene Zeit, von der auch Rudolf Bernet schrieb: [43]

> *Heimweh hat man nicht nach einem verlorenen Ort. Heimweh hat man nach einer verlorenen Zeit.*

---

[42] siehe Kapitel 'Schutzmantel'
[43] siehe Kapitel 'Heimweh'

4. Reflexion

Es ist nun schon viel Zeit vergangen und heute, während ich meine Erinnerungen aufschreibe, kommt mir alles etwas unwirklich vor. Die Krankheit, der Traum, die Genesung, die emotionalen Folgen, die Therapie und die gleichzeitig aufgetretenen Schmerzen. Aktuell kommt dazu, dass mir meine kleinen Probleme angesichts der grossen Katastrophen wie Krieg in der Ukraine und Erdbeben im Nahen Osten ganz mickrig vorkommen. Leider gibt es in der Welt immer wieder weit grössere Probleme und Katastrophen als unsere eigenen Sorgen im täglichen Leben. Ich kann sie aber nicht lösen, nicht einmal wesentlich vermindern. Trotzdem kann ich sie nicht einfach ignorieren. Auch wenn ich manchmal am liebsten wegschauen möchte, ist es eine Form von Solidarität, dass ich mich weiterhin informiere.

Meine Therapeutin sagte mir schon angesichts ähnlicher Gedanken zu Beginn der Covid-Pandemie, dass meine eigenen Probleme, die mir natürlich viel näher liegen, deswegen nicht unbedeutend sein sollen. Wenn andere Patienten auf der Intensivstation sind, bedeutet das nicht, dass die eigene Krankheit deswegen verniedlicht und vernachlässigt werden muss. Es darf mich auch auf keinen Fall davon abhalten, die aufgetretenen Probleme selbst zu lösen. Mit diesem Hintergrund versuche ich also etwas Klarheit über meine eigenen Erfahrungen zu bekommen.

Das Erzählen, Diskutieren und Reflektieren mit der Therapeutin hat mich wieder auf die Beine gestellt. Es war so wohltuend und heilsam, dass ich mich jeweils auf die nächste Therapiestunde aufrichtig freute. Doch die angedachte, schriftliche Aufarbeitung schob ich lange vor mich her, auch wenn mich

die Thematik täglich plagte. Ich wollte die Sache am liebsten nach alter Manier vergessen, verdrängen und in einer Schachtel weit hinten im Estrich verstecken. Es war ja äusserlich alles wieder in Ordnung.
"Wir haben gute Arbeit geleistet."

Da mich aber die Erinnerungen und Emotionen nicht loslassen wollten und ich ständig darüber nachdachte, hoffte ich aus einer zeitlichen Distanz das Erlebte besser verarbeiten zu können. Obwohl mir beim Schreiben und Lesen meiner eigenen Aufzeichnungen anfänglich ständig Tränen kamen, konnte ich mich dazu überwinden, die vielen Notizen zu ordnen und in vernünftige Sätze zu bringen. Ich musste immer wieder meine Texte überprüfen, mit meinen Notizen oder mit wissenschaftlichen Abhandlungen vergleichen und mich kritisch fragen:
Habe ich das wirklich erlebt oder nur geträumt?
Ist das Erlebte auch plausibel?
Habe ich die Erinnerungen etwa allzu sehr mit Wunschdenken oder schlechten Vermutungen vermischt?
Was kann ich mir damals gedacht haben?
Wie kann ich es empfunden haben?
Heute, im vorliegenden überarbeiteten Buch, beurteile ich alles viel objektiver und emotionsloser, weil ich die erlebten Ungewissheiten, unangenehmen Gefühle und Reaktionen nach und nach klären und verstehen konnte.

Ursache der Sepsis

Die lebensbedrohliche Krankheit Sepsis habe ich im Prolog dieses Buches ausführlich beschrieben.[44]

Die Frage über die Ursache und den heftigen Verlauf meiner Krankheit liess mir aber lange keine Ruhe. Bei der letzten Nachuntersuchung zwei Monate nach Entlassung aus dem Spital bat ich den Bakteriologen um Aufklärung:

"Wenn Bakterien oder Viren in den Blutkreislauf gelangen, werden sie durch das Immunsystem beseitigt. Wenn sie jedoch in ausreichender Anzahl vorhanden sind, können sie über die Blutbahnen im gesamten Körper verteilt werden. Bereits vorhandene Infektionen, wie zum Beispiel ihre drei Abszesse bei den Halswirbeln, verstärken diesen Vorgang. Bei ihnen waren E.coli Bakterien[45] die Ursache. Sie konnten sich im ganzen Körper in extrem hoher Anzahl verteilen und der Körper konnte diese zusätzliche Belastung nicht mehr abwehren. Dies löste die schweren, entzündlichen Reaktionen im gesamten Körper aus, was Sepsis genannt wird. Im fortgeschrittenen Zustand hat dies oft einen tödlichen Verlauf, denn es gibt verschiedene E.coli, die sehr unangenehme und aggressive Eigenschaften entwickeln können. Zum Beispiel, dass sie sich an menschliche Blutzellen anhaften und deren Funktion behindern. Sie können sich selbst verändern und veränderte Geninformationen übertragen, sodass nicht nur sie selbst, sondern auch andere Bakterien gegen viele Antibiotika resistent werden. Da-

---

[44] siehe Prolog
[45] Escherichia coli Bakterien

zu kommt, dass das Immunsystem angesichts der enormen Menge von Aggressoren
plötzlich überreagiert und auch gesunde Kör-
perzellen angreifen kann. Dies bedeutet dann
eine grosse Herausforderung für die Ärzte,
rechtzeitig die richtigen Antibiotika zu finden.
Oft ist ein Aufenthalt auf der Intensivstation
notwendig. Wenn allerdings die Krankheit sta-
bil verläuft, wie bei ihnen, kann davon abge-
sehen werden. Das Ärzteteam muss jedoch
ständig das Blut kontrollieren, um sofort auf
Veränderungen reagieren zu können.

Im "Spiegel Wissenschaft"[46] lese ich, dass an Blutvergiftung fast so viele Menschen sterben, wie am
Herzinfarkt. Wird die Invasion der Keime zu spät
erkannt, sind die Opfer innerhalb von wenigen
Stunden tot. In vielen Kliniken wird die Sepsis oft
falsch behandelt. In meiner Klinik wurde ich dagegen richtig behandelt und die Ärzte haben das richtige Antibiotika zum Glück noch rechtzeitig anwenden können.

Aber woher kamen diese E.coli? Bakterien sind Mi-
kroorganismen und kommen im Menschen in grosser Zahl vor. Einige Bakterien fördern die Gesundheit, andere wirken sich gesundheitsschädigend
aus. Das E.coli ist ein wichtiger Bestandteil der
menschlichen Darmflora, aber im Körper ausserhalb des Darms ist es eher unerwünscht, wie ich
selbst erfahren musste. Ich wollte Gewissheit haben, ob in meinem Darm alles in Ordnung ist. Darum meldete ich mich für eine Darmspiegelung an
und fragte den Darmspezialisten:

---

[46] Spiegel Wissenschaft Medizin, Günther Stockinger: Tod im
Zeitraffertempo:
www.spiegel.de/wissenschaft/tod-im-zeitraffertempo-a-
107861d6-0002-0001-0000-000041768236

"Wie kommen diese E.coli vom Darm in meine Blutbahnen? Ist mein Darm kaputt? Muss ich in Zukunft speziell vorsichtig sein?"

"Die Darmhaut ist besonders dünn und mit vielen Blutgefässen für die Nährstoffabsorption durchzogen. Bei Rissen in der Darmwand oder verletzten Blutgefässen können Keime aus dem Darm in die Blutbahn gelangen. Bei der Darmlänge von etwa acht Metern gibt es genügend Fläche für eine mögliche Verletzung. In ihrem Darm konnte ich aber keine Verletzungen und keine Schwachstellen erkennen. Es kann aber passieren, dass kleine Mengen von Keimen ohne ersichtliche Ursache in die Blutbahn gelangen, die aber normalerweise vom menschlichen Abwehrsystem sofort beseitigt werden. Wieso bei ihnen eine so grosse Anzahl E.coli im ganzen Körper vorhanden war, kann ich mir auch nicht erklären. Das kommt aber sicher sehr selten vor."

"Was heisst sehr selten? Ich bin jetzt über 70 und das Problem ist das erste Mal vorgekommen. Wenn dies nur alle 70 Jahre einmal passiert, brauche ich mir ja keine grossen Sorgen machen, oder nicht?"

Er stutzte über meine Logik und antwortete dann schmunzelnd: "Genau, dann sehen wir uns in 70 Jahren wieder."

Dies ist also geklärt und ich kann ein paar Jahre beruhigt sein.

Ursache der Emotionen

Meine nicht ganz ernst gemeinte Wortschöpfung "Long Sepsis" scheint berechtigter zu sein, als ich dachte. Ich hatte tatsächlich Spätfolgen aus meiner Krankheit, wie dies bei einzelnen Patienten nach einer SARS-Cov-2-Infektion auftrat[47] und als Long COVID bezeichnet wird. Anfänglich belächelte ich Aussagen von Personen mit Long Covid und dachte eher an Ausreden. Aber im Zuge meiner Recherchen habe ich gelesen und selbst erfahren müssen, dass auch nach einer Erkrankung durch Sepsis Langzeit- und Spätfolgen auftreten können,[48] was als Post-Sepsis-Syndrom bezeichnet wird.

Der Verein "Deutsche Sepsis-Hilfe"[49] schreibt auf seiner Website, dass Sepsis-Patienten oft über Beeinträchtigungen durch erhöhte psychische Belastungen klagen. Als mögliche Langzeitfolgen werden besonders Depressionen, Schlafstörungen, Alpträume, Reizbarkeit, Gleichgültigkeit und ausgeprägte Angstzustände beschrieben, wie ich es auch erlebt habe. Weiter wird beschrieben, dass sie auch erst Monate nach der Krankheit auftreten können, ausgelöst durch ein ganz anderes Ereignis, das den Zusammenhang mit der Sepsis gar nicht erkennen lässt.

Durch das intensive Arrangieren und das häufige Musizieren mit dem Ensemble habe ich mir anfänglich wieder einen Schutzmantel zugelegt, der die unerwünschten Gefühle zurückhalten konnte. Ich

---

[47] Robert Koch Institut
https://www.rki.de/DE/Themen/Infektionskrankheiten/Infektionskrankheiten-A-Z/C/COVID-19/covid-19-node.html
[48] siehe Was ist Sepsis?
[49] deutsche Sepsis-Hilfe e.V. https://sepsis-hilfe.org/de/sepsis

habe mit der japanischen Flötenspielerin nicht nur musiziert und viele kleinere Konzerte aufgeführt, sondern wir haben ihr auch die Schweiz näher bekannt gemacht, indem wir sie einluden zu Ausflügen, Konzert im KKL, Ski- und Sommerferien inkl. Musizieren auf der Alpweide. Das Ereignis mit dem unerwarteten WhatsApp: "Tschüss, ich brauche euch nicht mehr"[50] hat mich derart rabiat und ruppig getroffen, dass alle nicht verarbeiteten und unterdrückten Reaktionen aus der 'Long-Sepsis', die leider immer noch in mir schlummerten, explosionsartig durchbrechen konnten. Es war eine neue Situation, Monate nach der Krankheit, die den Zusammenhang mit der Sepsis zunächst gar nicht erkennen liess.

Ich war mit meiner Musik zu sehr auf die beiden mich begleitenden Personen konzentriert und wurde so überrumpelt, dass ich mir keine vernünftigen Gedanken machen konnte, wie es jetzt weitergehen könnte. Eine schöne Welt, wie ich sie schon lange gewünscht hatte, ist zusammengebrochen: Selber musizieren, so wie als Jugendlicher aber nicht nur im stillen Kämmerlein, sondern in einem Ensemble vor kritischem Publikum, mit Herausforderung, Anspannung, Erfolg und Befriedigung. Es war ein plötzliches Loslassenmüssen. Ein ungewolltes Abrutschen von der Rhein-Boje[51]. Sie wurde mir geradezu aus den Händen gerissen und meine Seele, oder war es der kleine Jörgli?, rief verzweifelt: "NEIN! Nicht schon wieder!" Dies bewirkte meine unglaublichen Weinattacken und die Emotionen des hilflosen kleinen Jungen.

---

[50] siehe Kapitel 'Im Sturzflug'
[51] siehe Kapitel 'Rheinschwimmen'

Verstehen

Hinweise aus der Jugend

Habe ich wirklich Hinweise in meiner Jugend gefunden, die mir beim Verstehen des Erlebten behilflich sein könnten?[52] Als netter, immer fröhlicher
Junge, war ich innerlich höchst sensibel und wegen jeder Kleinigkeit beleidigt oder musste im Stillen weinen. "Ein richtiger Bub weint aber nicht!" Ich
musste mich deshalb schon früh gegen äussere
Einflüsse schützen. Meine Strategie schien zu
sein: Ständig Flausen im Kopf, Streiche spielen
und mit Mutproben mich selbst zu bestätigen. In
der obligatorischen Schule machte ich gerade so
viel, dass ich möglichst wenig Druck von den Erwachsenen erdulden musste. Jegliche Tätigkeit
ausserhalb der Schule war viel interessanter. Erst
in der Oberstufe des Gymnasiums realisierte ich,
dass auch die Schule hochinteressant sein kann.

Durch meine vielen Interessen konnte ich mir das
aussuchen, was mir passte und alles Unangenehme auf die Seite schieben oder in eine Schachtel
verpacken. Vielleicht habe ich ja noch weitere
Schachteln gar nicht gefunden und sie stehen
noch weiter hinten im dunklen Estrich. Der Schutzmantel wurde mir abgenommen und dadurch sind
nicht nur unerwünschte Emotionen, sondern auch
vergessene Erinnerungen aus meiner Jugend her-
vorgequollen. Das Wieder-Auffrischen dieser Episoden ist sehr interessant und manchmal auch
amüsant. Schon das alleine hat eine konsolidieren-
de Wirkung. Die Verdrängungsmethode war aber
per se gar nicht so schlecht. Denn ohne diesen
Ballast konnte ich die Herausforderungen in mei-

---

[52] siehe Kapitel 'Heimweh'

nem privaten und beruflichen Leben besser bewältigen.

...und bräuchte ihn doch

Warum sollen diese Emotionen aus der Jugend, die mich damals gar nicht bedrückten, erst Jahrzehnte später zum Ausbruch kommen? Sie sind heute weder angebracht noch brauche ich sie. Es sieht so aus, als ob mir die harte Schale, "die ein rechter Mann braucht", so wie ein "rechter Bub nicht weint", abgenommen wurde.[53]

Meine Therapeutin schrieb dazu:

Schön, wie Sie Ihr Erlebnis beschreiben: "Der Schutzmantel wurde mir abgenommen, weil ich ihn nicht mehr brauchen würde und nun kam ich zurück und bräuchte ihn doch". Könnten wir auch sagen: Der kleine Jörgli kam unter dem Mantel hervor und ist nun da und kann erst jetzt, wo Sie als mitleidender Erwachsener da sind, seinen Schmerz herausweinen? Damals war ja niemand da, der es verstanden hätte; Ihre Eltern hatten nicht die Kompetenz, oder die gesellschaftliche Erlaubnis, um sich in ihren kleinen Sohn einzufühlen. Ihr Plüschpudel, Ihre Sehnsucht nach Musik und Klavierspielen, Ihr Vater, Ihre Freunde… Abschiede und Enttäuschungen gehören wohl zu jedem Leben, aber bei Ihnen war da keine Erlaubnis zum Abschied Nehmen, Trauern, Getröstet-Werden, sondern da war nur zurückgelassen- und alleingelassen-Werden: Ein Kind nimmt

---

[53] siehe Kapitel 'Schutzmantel'

*den Verlust dann meist auf sich, fühlt
sich minderwertig und lehnt sich ab, d.h.
spaltet die Seele ab: der Jörgli unter
dem Mantel. Darum finde ich es gut,
dass Sie sich, d.h. den kleinen Jörgli in
sich jetzt spüren - halt mit den Gefühlen
des Kindes von damals.*

Heute verstehe ich plötzlich die Interpretation meines eigenen Satzes. Durch das Verdrängen der Erinnerungen aus der Jugend kannte ich die Gefühle in diesem Ausmass nicht mehr und glaubte, alles sei neu und aussergewöhnlich. Doch die Themen waren alle schon einmal da: Heimweh, Loslassen, Angst, Verlust, Musik.

Es scheint, diese Emotionen waren für mich als Jugendlichen so einschneidend, dass sie Jahrzehnte in meinem Unterbewusstsein verborgen waren und erst jetzt nach so vielen Jahren aufgrund eines aussergewöhnlichen Erlebnisses herausbrechen. Als Junge waren sie mir allerdings nicht bewusst. Ich war meist zufrieden, unternehmungslustig und fühlte mich nicht traurig, benachteiligt oder vernachlässigt. Über irgendwelche Gefühle machte ich mir keine Gedanken. Ich arrangierte mich, versuchte sie zu umgehen, zu ignorieren und habe sie verdrängt, wie man aus den erzählten Schnappschüssen lesen kann. Als vernünftiger Erwachsener denke ich heute: Das sind doch nur kleine Sorgen des kleinen Knirpses. Das gehörte einfach dazu. Ich frage mich aber: Verstehen wir Erwachsene die Gefühle der Kinder überhaupt?

Erich Kästner soll einmal geschrieben haben:
*"Erst bei den Enkeln ist man dann so
weit, dass man die Kinder ungefähr verstehen kann."*

Ich denke, es sind nicht vorwiegend die grossen, weltumspannenden Katastrophen, die die Gefühle eines Kindes erdrücken. Diese sind meist zu wuchtig und zu gewaltig, um sie überhaupt verstehen zu können. Sie sind für ein Kind nicht lösbar. Das müssen die Erwachsenen tun. Die greifbaren Probleme und Sorgen im unmittelbaren Umfeld eines Kindes sind viel wichtiger. Wenn man sie nicht gleich lösen kann, werden sie unverstanden ganz tief in der Seele eingegraben und kommen bei einem späteren Anstoss in positiver oder negativer Art wieder hervor.

Das gelbe Häsli

Die alte Schachtel im Estrich mit meinen Erinnerungen war scheinbar doch nicht so fest verschnürt. Oder sie hatte kleine Löcher, wo die Erfahrungen heraus rinnen konnten um mein Leben unbemerkt zu beeinflussen, denn ich erinnere mich jetzt beim Schreiben plötzlich an folgende Episode, die allerdings eine Generation später geschah:

Als unser ältester Sohn noch nicht einmal einjährig war, hat ihm meine Schwiegermutter, die Kinder nannten sie später liebevoll Mimi, ein gelbes, herziges Plüschhäschen gemacht. Es sah zwar eher aus wie ein Hampelmann, aber darüber machte sich mein kleiner Sprössling keine Gedanken. Er hat das Häschen sofort ins Herz geschlossen und brauchte weder Nuggi noch Daumen, denn ab sofort war das Häschen sein tägliches und noch mehr sein nächtliches Kuscheltier, ohne das er nicht mehr einschlafen wollte.
Das kommt mir bekannt vor.

Es hatte keinen anderen Namen, es war einfach das Häsli. Zwei Jahre später bekam auch sein neues Brüderchen von Mimi ein Häschen und nach total vier Jahren sehr intensivem Gebrauch sah das Häsli ziemlich erbärmlich aus. An mehreren Stellen war der Plüsch bis auf das Gewebe abgenutzt.

"Schau 'mal. Mimi hat dir ein neues, genau gleiches Häsli gemacht," sagte einmal meine Schwiegermutter voller Stolz und Freude. "Jetzt kann dein altes in den Häsli-Himmel gehen." Unser ältester schaute sie ganz entsetzt an: "NEIN!" und drückte sein altes Häschen fest an sich.

Wir waren überrascht und haben ihm sein Häschen natürlich nicht weggenommen. Mimi machte ihm den Vorschlag, dass sie seinem alten Häsli dafür ein neues Kleid mache, das genau so aussehen wird, wie das alte. Er riss ihr das neue, unerwünschte Häschen aus der Hand, sprang ins andere Kinderzimmer, wo die neu angekommenen Zwillinge lagen und warf es entschlossen in eines der kleinen Bettchen.
"Das kannst du haben".

Ein paar Tage später machte Mimi das neue Kleid im Beisein meines Ältesten. Zum Glück hatte sie noch vom gleichen Plüsch. Er schaute genau zu, weil er sicher sein wollte, dass da alles wie versprochen, vor sich ging. Nachdem er es mit Wange und Nase getestet hatte, war die Welt wieder in Ordnung. Natürlich musste Mimi auch noch ein weiteres, genau gleiches Häschen für das letzte Brüderchen machen.

Vielleicht hätte ich ohne mein Erlebnis mit meinem Pudel anders reagiert. Etwa wie meine Mutter? Das Erlebnis mit meinem eigenen Hündli[54] hatte ich aber zu dieser Zeit längst vergessen. Die Erinnerung daran war immer noch fest in der Schachtel verschnürt. Aber so kleine, für uns Erwachsene scheinbar banale Situationen, können für ein Kind die Welt bedeuten und unbewusst bis ins hohe Alter nachwirken. Es gibt übrigens viele erwachsene Personen, die ihr erstes Kuscheltierchen, nicht gerade als Daumenersatz, aber doch in Ehren, noch heute irgendwo im Schlafzimmer aufbewahren.

Die alte Schachtel

Wieso kommt eigentlich die "alte Schachtel" immer wieder vor? Alles, was mich an frühere Zeiten erinnert, scheint in einer Schachtel verschwunden zu sein. In meinem Text kommen mehr als 40 Schachteln vor, die alle zuhinterst in einem Estrich versteckt waren. Ein Estrich, zu dem ich keinen Zutritt habe. Warum? Weil er unheimlich ist? Weil er so dunkel und unerreichbar ist? Hat mir damals das plötzliche Verschwinden meines kleinen Plüschpudels in der Schachtel, die danach unerreichbar verschwand, so nachhaltigen Eindruck gemacht? Da kommt mir noch folgendes über eine reale Schachtel in einem realen Estrich in den Sinn:

> Als Jörgli durfte ich zusammen mit meinem zwei Jahre älteren Bruder zu oberst im Haus, im Mansardenzimmer schlafen. Das Zimmer, in dem auch die Schuhschachtel-Garage und die alte Schreibmaschine standen. Ich war gerne in der Mansarde und liebte es, wenn der Regen aufs Dach prasselte. Ich fühlte

mich dann sicher und geborgen. Vom Fenster aus konnte ich bis zum Auwald sehen, wo der schwarze Rabe mit dem kleinen 'Meiseli' verschwand. Oft habe ich mit einem alten Fernrohr von unserem Grossvater den Mond und die Sterne beobachtet. Eine kleine, drehbare Sternkarte und Angaben, wie ich die Planeten finden konnte, halfen mir, mich zu orientieren. Vor allem Jupiter, der grösste und gut sichtbare Planet, hatte mich fasziniert. Durch die vielen Beobachtungen ist mir einmal aufgefallen, dass drei kleine Punkte, die wie weit entfernte Sterne aussahen, immer in der Nähe des Planeten, aber nicht immer genau am gleichen Ort waren. Einmal kam mir der geniale Gedanke, das könnten Monde sein, die um den Jupiter kreisen, so wie ja auch die Erde einen Mond hat! Ich war ganz begeistert von meiner Idee. Jetzt habe ich eine sensationelle Entdeckung gemacht! Das muss ich sofort meinem ältesten Bruder berichten. Der wird sich schön wundern, wenn ich einmal mehr weiss, als er.

"Ja klar. Der Jupiter hat nicht nur drei, sondern vier Monde. Das weiss ja jedermann."

Puff - Meine Begeisterung ist schon wieder geplatzt. Scheinbar gehöre ich nicht zu den "Jedermanns". Natürlich wollte ich es genau wissen und habe in einem grossen Lexikon meiner Eltern gelesen, dass die Monde schon 350 Jahre vor mir vom italienischen Gelehrten Galileo Galilei entdeckt wurden.

Na ja - dann bin ich eben doch zu spät auf die Welt gekommen.

Das noch funktionstüchtige Fernrohr habe ich übrigens immer noch.

Rechts und links von der Mansarde, unter der Dachschräge, gab es einen Estrich. Er hatte eine schlechte Beleuchtung und wegen vieler alter Schachteln und Koffern war es eng, staubig, dunkel und unheimlich. In diesem Estrich hatte ich mein Tagebuch, ein kleines, schwarzes Wachs-Büchlein, versteckt. Nicht zu hinterst, sondern ganz vorne, aber gut versteckt. Ich legte es in eine kleine, gerade ausreichend grosse, alte Schachtel. Der Deckel ging schwer auf, damit das Tagebuch nicht aus Versehen herausfallen konnte. Meine Erlebnisse und Gedanken aus der Kindheit schrieb ich in einer eigenen Geheimschrift. Ich habe später nicht mehr an das Büchlein gedacht und als mein Vater das Haus verkaufte und meine Mutter ausziehen musste, ich war schon verheiratet, habe ich das Tagebuch dort vergessen! Schade. - Oder habe ich es etwa unbewusst absichtlich dort gelassen? Vielleicht wollte ich meine Erinnerungen gedanklich nicht nur in der Schachtel verpacken. Die hätte ich ja wieder öffnen können. Nein, sie musste zusätzlich gut versteckt im staubigen Estrich bleiben, wo ich ganz sicher nie mehr hinkomme.

Die Psychotherapeutin hatte mich ermuntert, von früher zu erzählen, da scheinbar in meiner Jugend Hinweise vorhanden sind, die meine Überreaktionen erklären könnten. Während meiner Ausbildungs- und Berufszeit interessierte mich die Vergangenheit nicht. Ich schaute nur in die Zukunft: Familie und Beruf. Die Jugenderinnerungen brauchte ich nicht und habe sie gedanklich in einer Schachtel verschnürt. Es scheint, ich habe diese in Geheimschrift im kleinen schwarzen Büchlein, in der kleinen alten Schachtel, im unheimlich staubigen Estrich, für immer versteckt, wo ich ganz sicher nie mehr hinkomme.
Bräuchte ich sie wirklich noch? Oder muss ich auch hier lernen, loszulassen?

Zufall oder Glück

Manchmal wundert man sich, warum dies oder jenes geschehen ist oder warum man gerade zu dieser bestimmten Zeit etwas gemacht hat. Im Zusammenhang mit meinen Erlebnissen fällt mir auf, dass ich oft zufällig das Richtige gemacht habe oder es haben mir zufällig die richtigen Personen zum richtigen Zeitpunkt geholfen:

- Zufällig habe ich auf der abendlichen Heimfahrt einen Umweg gemacht sonst wäre ich vielleicht auf der steilen Strasse zu unserem Wohnort über den Strassenrand gefahren und den steilen Abhang hinunter gekollert.

- Zufällig war in der Nähe der Strasse gerade ein Kiesplatz, auf dem mein Auto unbeschadet zum Stehen kam.

- Zufällig habe ich die Tramhaltestelle zum Aussteigen verpasst und wurde vom Saxophon im Schaufenster zurückgehalten.

- Zufällig hat sich die Arztgehilfin meine hohen Blutwerte angeschaut und einen Express-Laborauftrag aufgegeben, sonst wäre ich vielleicht nicht nur "5 nach 12", sondern erst "10 nach 12" ins Spital gekommen.

- Zufällig waren im Spital die richtigen Personen zum richtigen Zeitpunkt bei mir und haben alles richtig gemacht.

- Zufällig haben zwei Spitexhelferinnen kurz vor meiner Heimkehr die Ausbildung für das PICC abgeschlossen.

- Zufällig bin ich im Internet auf meine Therapeutin gestossen, die mich aufgefangen und wieder "auf die Beine gestellt" hat.

- Zufällig war im Radiologiezentrum die gleiche MRI-Assistentin wie im Spital und konnte mich rechtzeitig beruhigen.

- Zufällig sah ich die Website der "Stiftung Kreatives Alter" und zufällig wurde im letzten Moment der Eingabetermin um eine Woche verschoben.
- Zufällig habe ich die selbst geschriebenen Geschichten aus meiner Jugendzeit zwischen technischen Unterlagen gefunden.

Ein bisschen viel Zufall auf einmal! Oder nicht? Hat überall der Zufall mitgespielt? Was bedeutet "Zufall". Sind das einfach immer günstige Gelegenheiten, die sich zufällig zur rechten Zeit ergeben?

Aus der griechischen Mythologie kennen wir den Gott Kairos, der die "Günstige Gelegenheit" verkörperte.[55] Er befand sich ständig in Bewegung, sodass man ihn erst bemerkte, wenn er direkt vor einem stand und schon wieder am Weitergehen war. Wer Kairos verpasste, kann ihn nachträglich nicht mehr halten, sondern greift ins Leere und muss die günstige Gelegenheit ziehen lassen. Zu fassen bekommt ihn nur, wer ihn im Vorübereilen von vorne beim Schopfe packt. Denn nur vorne hat er Haare auf dem Kopf und nur so konnte man die günstige Gelegenheit sprichwörtlich am Schopf packen.

Günstige Gelegenheiten gibt es immer wieder. Man muss sie nur erkennen. Ich hatte oft eine Gelegenheit, bei der ich mir sagte "Jetzt oder nie. Ich weiss zwar nicht ob das gut ausgeht, aber wenn ich sie nicht nutze, mache ich mir immer wieder Vorwürfe". Nicht jede günstige Gelegenheit habe ich gepackt oder ich hatte selbst gar nicht die Möglichkeit dazu, wie z.B. im Zusammenhang mit meiner Sepsis. Dann haben es zum Glück andere erkannt und Kairos für mich am Schopf gepackt.

Oder hatte ich einfach immer Glück? Was bedeutet "Glück haben"? Es gibt viele sinnreiche Sprüche

---

55 Griechenland, Reisen ins Land der Götter, Christian Stoitzer Karlsruhe: www.griechenland-auskunft.de/kairos.php

wie z.B. *"Glück hilft keinem, der sich nicht selbst hilft"*. Die Menschen haben sich schon immer Gedanken über Glück und Zufall gemacht. Appius Claudius Caecus, ein römischer Konsul, der die grossartige Via Appia in Italien bauen liess, soll den berühmten Satz gesagt haben:

"suae quisque fortunae faber est". "Jeder ist seines Glückes Schmied".

Na also - Latein geht ja doch

Weder die günstige Gelegenheit noch das Glück fällt einfach vor die Füsse wo man es nur auflesen müsste. Man weiss ja meistens erst im Nachhinein, wo das Glück lag. Man kann auch weder das Eine noch das Andere erzwingen. Dem gegenüber kann man aber durch eine negative Einstellung das Unglück förmlich anziehen. Man kann ja nicht negativ denken und dann Positives erwarten. Wenn man aber eine positive Einstellung zu sich selbst, zum Leben, zu den Mitmenschen und zur Umwelt hat, gibt es tatsächlich immer wieder Situationen, wo das Gute überhand nimmt, ohne dass man weiss warum.

Vorsehung

Manchmal frage ich mich aber auch: Ist im Leben vielleicht alles Vorsehung? Was heisst schon: Die günstige Gelegenheit beim Schopf packen? Warum soll Kairos ausgerechnet bei mir vorbeihuschen? Für uns aufgeklärte Menschen gehört Kairos sowieso in die Welt der Sagen und Mythen. Und doch gibt es immer wieder Situationen, wo ich mich entschliesse, etwas zu machen und mich nachher fragen muss, warum ich eigentlich auf diesen Gedanken gekommen bin. Oft gehe ich irgendwo da oder irgendwo dort hin, entscheide mich für dies oder das, verzichte auf etwas Verlockendes, suche in der Nähe oder an einem Ort, wo das Gesuchte gar nicht sein sollte, als ob jemand mich darauf hinweisen würde. Es ist das Bauchgefühl, sagt man. Allerdings über Bauch und dessen Gedärme hatte ich ganz andere Erfahrungen gemacht.[56] Ich glaube nicht, dass sie mich bei irgendeiner Entscheidung beraten könnten, höchstens wenn ich etwas Schlechtes esse. Natürlich spielen die Erfahrung, das allgemeine Wissen und die experimentierfreudige Intuition eine Rolle. Aber wenn etwas geschieht, das man wirklich nicht voraussehen oder beeinflussen konnte? Geschieht das einfach? Wenn die Beeinflussung an unserem Leben und unserer Umwelt vorgegeben wäre, müsste man sich eigentlich keine grossen Gedanken machen. Man hätte für alles eine Erklärung und für noch vieles mehr eine Ausrede.

Vorsehung ist wie ein Balanceakt zwischen Glauben und Wissen. Ich halte mich dabei eher für Wissen als für Glauben. Für mich gilt höchstens, dass ich glaube zu wissen, dass viele Leute eher glauben als wissen, dass sie etwas wissen. Und doch habe ich manchmal das Gefühl, dass irgendjemand mir plötzlich sagt, was ich machen oder nicht machen soll. Wenn etwas passiert, muss man aber das Gute oder Schlechte darin erkennen und rechtzeitig entsprechend darauf reagieren. Erfahrung spielt natürlich eine wichtige Rolle. Nur muss man auch die Erfahrung mit der neuen Situation richtig verknüpfen, sonst gilt eben doch das Bauchgefühl.

---

[56] siehe Kapitel 'Ursache der Sepsis'

Nahtod

Von Spreu und Weizen

Die verschiedenen Hinweise, dass mein Traum im Spital der Ausdruck eines Nahtoderlebnisses sein soll, lassen mich nicht in Ruhe. Ich fand unzählige Berichte aus der ganzen Welt, die bestimmt real erlebt, aber meist fantasievoll, religiös oder esoterisch begründet wurden. Doch die vielen Leute, die davon erzählen und darüber sinnieren sind sicher nicht alle abergläubisch. Vielleicht ist ja doch im Kern etwas Wahres daran und meine Ungläubigkeit und Skepsis über die herkömmliche Meinung von einem Nahtod gründet nur darin, dass ich mir etwas Falsches vorstelle. Also wollte ich einmal schnell im Internet, wo ja alle Fragen beantwortet werden, die Definition von "Nahtod" nachlesen. Allerdings dauerte dieses "Einmal schnell" mehr als drei Monate und hat dieses Kapitel analog dazu ebenso verlängert. Ich wollte eigentlich nur meine Unsicherheit ordnen. Dummerweise habe ich mich aber durch diese Unmengen an Informationen noch mehr verunsichern lassen.

Es gibt unzählige interessante Erzählungen, wogegen mein Erlebnis recht harmlos daherkommt. Andere erzählen dramatisch von ihren übersinnlichen Erfahrungen. Sie durften das Sterben schon exklusiv erleben und können jetzt von einem attraktiven Abenteuer erzählen über das, was dann wirklich passiert, wenn es passiert. Jeder möchte gerne wissen, was ihn dabei erwartet. Es wird von grellem Licht und hellen Farben berichtet, von einem Tunnel und glückseligen Gefühlen, aber ebenso von Trennung, Angst und Trauer. Meistens fliegen die Personen noch etwas im Raum herum oder sogar ausserhalb der Erde. So interessante Bilder habe ich leider nicht beobachten dürfen.

Ich hätte wahrscheinlich vorher ein Flugbrevet erwerben müssen.

Auffallend oft lese ich Berichte, die verdächtig ähnlich sind und mir ihre Authentizität suggerieren wollen: Wenn alle das Gleiche erzählen, muss es ja wohl richtig sein. Doch den vielen attraktiven und interessanten Beschreibungen stehe ich eher skeptisch gegenüber. Zudem habe ich mich durch die Unmengen an Wissenschaftlern erschrecken lassen, die auf der ganzen Welt Nahtoderlebnisse untersuchen. Es ist aber sehr schwierig und äusserst mühsam, die Spreu vom Weizen zu trennen.

Diese Redewendung bedeutet so viel wie das Gute vom Schlechten, das Verwertbare vom Nutzlosen zu trennen. In den Wintermonaten, so wurde mir in meinem Dorf von alten Einwohnern erzählt, standen früher die Bauern in der Tenne zum Dreschen. Sie schlugen mit einem zwei Kilo schweren Flegel[57] auf die am Boden ausgebreiteten Getreidegarben, damit die Körner herausfielen. Danach wurde das Stroh mit der Gabel ausgeschüttelt und auf dem Boden blieb nur der Drusch.[58] Um das Korn von der Spreu[59] zu trennen, warf man den Drusch mit flachen Körben in die Luft. Das nannte man "den Weizen worfeln". Der Wind trug den leichten Güsel[60] weg, während die schwereren, verwendbaren Körner mit dem Korb wieder aufgefangen wurden.

Bei meinen Bemühungen im Internet ist das Worfeln eher umgekehrt. Die seriösen Informationen

---

[57] Schlagholz, das mittels Lederriemen beweglich an einem Holzstiel befestigt ist

[58] Drusch: Korn und Spreu zusammen

[59] Spreu: Spelzen, Hülsen, Grannen, Samenhüllen und Stängelteile

[60] Schweizerdeutscher Ausdruck für Abfall, Müll

werden oft weggeblasen, weil sie schwer verständlich und zu trocken sind. Zurück bleibt nur der Güsel, der attraktiver und sensationeller dargestellt werden kann.

Es ist sehr wichtig zu erfahren, woher die Informationen kommen. Sind es bekannte, seriöse, glaubwürdige oder zuverlässige Quellen? Was wollen die Urheber damit erreichen? Wollen sie fundierte und nachgewiesene Informationen vermitteln, die sie auch belegen können, oder wollen sie nur sich selbst hervorheben oder sogar bewusst Fake News, wie dies neuerdings genannt wird, verbreiten? Oft werden Nahtoderfahrungen auch in einen esoterischen Kontext gebracht, wodurch mit dem Verkauf von Büchern ein lukratives Geschäft gemacht werden kann. Es ist zugegebenermassen oft sehr schwierig, herauszufinden, was die Berichte für einen Hintergrund haben. Da hilft nur eine angemessene Skepsis zu bewahren, sich immer wieder mit gesundem Menschenverstand von verschiedenen Seiten zu informieren und nicht alles blind zu glauben, was im Internet gelesen werden kann.

Ich will nicht für mich in Anspruch nehmen, das Thema kompetent behandeln zu können. Ich notiere nur meine persönlichen, aber auch skeptischen Gedanken. Hintergrundwissen aus wissenschaftlichen Artikeln kann mir dabei behilflich sein, ohne den Anschein zu erwecken, eine wissenschaftliche Arbeit präsentieren zu wollen. Ich wälze die Gedanken seit bald sechs Jahren täglich mit mir herum und hoffe, meine Ungewissheit, ob Traum oder Nahtod, ad acta legen zu können, denn dafür habe ich bis jetzt noch keine geeignete Schachtel gefunden.

Vom Tunnel und der Wellblechröhre

Der älteste Bericht über das Jenseits ist im Gilga-mesch-Epos aus dem zweiten Jahrtausend vor Chr. beschrieben. Auch das ägyptische Totenbuch etwa 1600 vor Chr. und das Tibetische Totenbuch etwa 800 nach Chr. erwähnen Darstellungen des Jenseits. Diese Bücher enthalten Texte über viele Mythen und Sagen, da sich die Menschen seit je-her Gedanken über das Leben nach dem Tod machten. Das ägyptische Totenbuch beispielswei-se ist aber eher eine Anleitung für Sterbende als ein Erfahrungsbericht aus dem Jenseits.[61] Die Dar-stellungen hatten in früheren Zeiten auch andere Bezeichnungen als heute. Sie wurden nicht als Nahtoderlebnisse, sondern als Traumbilder, Er-leuchtungen oder religiöse und mystische Visionen bezeichnet. Im Zeitalter der Antike wurden sie als fiktive Reiseberichte in die Unterwelt dargestellt.

Sehr oft wird von einem Tunnel berichtet, an des-sen Ende man von einem hellen Licht angezogen wird. Der "Aufstieg der Seligen",[62] ein bekanntes Bild von Hieronymus Bosch[63], wird als ältestes Bild für den Beweis des Tunnel-Erlebnisses eines Nah-tods herangezogen. Diese Erklärung überzeugt mich aber aus folgenden Gründen nicht:

Hieronymus Bosch war Mitglied der religiösen Bru-derschaft "Unserer Lieben Frau" und erhielt da-durch Kontakt zu den höchsten Kreisen des Adels, der städtischen Eliten und der Geistlichkeit in den

---

[61] Mario Brugger Diplomarbeit Nahtoderfahrungen im Vergleich Kap. 1.5.1 :
https://unipub.uni-graz.at/obvugrhs/content/titleinfo/439554

[62] The History Of Art:
www.thehistoryofart.org/hieronymus-bosch/de/aufstieg-der-seligen

[63] Hieronymus Bosch Biography:
www.hieronymus-bosch.org/biography.html

Niederlanden. In ihrem Auftrag malte er viele religiöse Motive und Themen, um dem nicht lesege-
wandten Volk die Zusammenhänge aus der Bibel
verständlich zu machen. Der "Aufstieg der Seligen"
darf allerdings nicht alleine betrachtet werden. Er
gehört zum vierteiligen Zyklus "Visionen aus dem
Jenseits".[64] Diese Bilder illustrieren die damalige
traditionelle Überzeugung, dass die guten Menschen in den Himmel begleitet und die schlechten
in die Hölle geworfen werden. Die Aufträge an Hieronymus Bosch unterstützten vor allem die egoistischen Bemühungen der religiösen Führer und der
elitären Oberschicht, um das Volk trotz Unterdrückung, Armut und Leid ruhig und fromm zu halten.
Sie sollen schön brav sein und nicht gegen die Ob-
rigkeit murren. Dann werden sie einmal im Himmel
belohnt. Sonst geht es ihnen später noch schlech-
ter als jetzt und sie landen in der Hölle.

In diesem Kontext gesehen scheint es mir nicht na-
heliegend, daraus zu folgern, dass Bosch ein Tunnelerlebnis selbst hatte oder von Drittpersonen erfuhr. Wird ihnen etwa ebenso nachgesagt, dass sie
andere, erschreckende Orte, wie "Weltgericht",
"Hölle" oder "Garten der Lüste"[65], in denen Bosch
vor dem Sittenverfall der damaligen Menschen
warnte, auch besucht haben?

Ich möchte aber auf keinen Fall Hieronymus Bosch
desavouieren und unterstellen, er habe fantasiert.
Im Gegenteil. Er hat das damalige Verständnis
über die Folgen von Gut und Böse, das in allen Religionen ähnlich vorkam, mit hellen und dunklen
Farben, mit viel Symbolik und furchterregenden

---

[64] Kunstkopie.de: Visionen aus dem Jenseits:
www.kunstkopie.de/a/bosch-hierony-
mus/visionenausdemjenseitshieronymusbosch.html
[65] Hieronymus Bosch The complete works:
www.hieronymus-bosch.org/the-complete-works.html

Fabelwesen für jene Zeit bildhaft und treffend in künstlerisch wertvollen Bildern dargestellt. Doch ich verstehe nicht, dass solche heute eher kindlich wirkende Vorstellungen aus der Renaissance in unsere moderne, aufgeklärte Zeit als Tatsachenberichte übernommen werden. Wie sollen wir uns heute zum Beispiel einen Tunnel ins Jenseits vorstellen? Moderne Interpreten sehen sich in der Tunnel-Vorstellung bestärkt, indem sie die Physik als Beweis zu Hilfe nehmen und begründen, dass die Seele mit Lichtgeschwindigkeit davonfliegt. Es sieht aus wie im Science Fiction Film "Star Trek", wenn der Warp Antrieb für die Überlichtgeschwindigkeit gezündet wird. Die moderne Wissenschaft erklärt, dass das Universum aus Sicht eines mit nahezu Lichtgeschwindigkeit fliegenden Raumschiffs tatsächlich so stark verkürzt wird,[66] dass es wie ein Tunnel erscheinen müsste. Allerdings tritt dieses Phänomen erst auf, wenn man diese Geschwindigkeit auch nahezu erreicht. Wie W.A. Pauldrach in seiner Abhandlung "Und dann verschwindet der Raum" beschreibt, gibt es allerdings noch viele Ungereimtheiten, die es unmöglich machen, die Lichtgeschwindigkeit zu erreichen. Für einen ruhenden Beobachter bleibt das Universum ebenfalls ruhig und er kann diesen Tunneleffekt sowieso nicht beobachten.

Neben den seriös gemeinten Bildern von Hieronymus Bosch gibt es viele offensichtlich übertriebene Veranschaulichungen einer Tunnelvision, wie zum Beispiel eine Darstellung, bei der man bei genauem Hinschauen eine Wellblechröhre inkl. FL-Beleuchtung[67] erkennt, wie ich sie selbst im Auto-

---

[66] Adalbert W.A. Pauldrach: Dunkle kosmische Energie S.50 Und dann verschwindet der Raum Spektrum Akademischer Verlag ISBN 978-3-8274-2480-8

[67] FL= Fluoreszenzröhren

bahnbau für provisorische Unterführungen verwendet habe.

Die FL-Beleuchtung müsste übrigens einmal durch neue LEDs[68] ausgewechselt werden!

Noch grotesker mutet mich schliesslich die Erklärung der Tunnel-Erlebnisse an, die eine Erinnerung an die Passage durch den Geburtskanal darstellen sollen, als ob die Bébés, noch bevor die Hebamme das Köpfchen in die Hände nehmen kann, das helle Licht im Gebärsaal erspähen könnten.

Allerdings findet man oft für auch noch so verrückte Ideen einen plausiblen Hintergrund. Dass eine Lichtvision, wie oben beschrieben, ein tunnelartiges Aussehen haben kann, scheint nämlich plausibel zu sein, wenn Bereiche im Gehirn, die für das Sehen zuständig sind, durch Sauerstoffmangel beschädigt werden, wie z. B. nach einem Schlaganfall. Auf der Website der "Stiftung Deutsche Schlaganfall Hilfe" fand ich die folgende Info:[69]

Die Gesichtsfeldeinschränkung ist mit Abstand die häufigste Sehstörung nach einer Hirnschädigung. Die Einschränkung kann sehr unterschiedlich ausfallen, von kleinen "blinden Flecken", über einen "Tunnelblick" bis hin zum Ausfall einer kompletten Gesichtshälfte, je nach Grösse, Ort und Art der Schädigung im Gehirn.

---

[68] LED: von englisch light-emitting diode

[69] Deutsche Schlaganfall Hilfe
www.schlaganfall-hilfe.de/de/verstehen-vermeiden/folgen-eines-schlaganfalls/sehstoerungen-neuropsychologische-folge-eines-schlaganfalls

Vom Urknall und der Ewigkeit

Die meisten Erfahrungen sind sicher nicht einfach erfunden und werden von den Personen als real erlebt, wie jede andere Wahrnehmung auch. Sie bleiben noch Jahre in Erinnerung und können oft, auch nicht von Fachleuten genug verständlich erklärt werden. Oder die betroffenen Personen wollen gar keine nüchterne und reale Erklärung akzeptieren, weil die Eindrücke so unbegreiflich irrational und magisch gewirkt haben. Da kommt man schnell in Versuchung, mystische oder religiöse Schlussfolgerungen abzuleiten oder sogar das Leben nach dem Tod beweisen zu wollen. Dies ist der beste Nährboden für die vielen kuriosen Erzählungen, die ich gefunden habe.

Es gibt leider auch viele Erzählungen, die in meinen Augen eher fantasiert sind, wenn zum Beispiel behauptet wird, man sei im Mittelpunkt des Universums gewesen oder habe einen Blick in die Ewigkeit machen können. Andere erzählen von der Begegnung eines allwissenden Wesens oder sahen eine göttliche Erscheinung. Das mag ja sehr religiös und spirituell klingen. Doch haben sich die Personen auch einmal skeptisch hinterfragt, ob ihre Erklärung, auch unter Einbezug von übersinnlichen Betrachtungen, überhaupt sinnvoll sein kann? Die Antwort ist meistens:
"Darum ist es ja übersinnlich, weil es gar nicht sinnvoll ist."
Doch wie können sie wissen, was gar niemand wissen kann?

Wo ist der Mittelpunkt des Universums? Ist er dort, wo der Urknall als Ausgangspunkt der Ausdehnung des Universums war? Da soll es allerdings mit einer Temperatur von 3000 K[70] unangenehm

---

[70] Gesetzliche Temperatureinheit Kelvin: 0 K = −273,15 °C

heiss und eher eine Vorkost der Hölle als ein Ort der Glückseligkeit gewesen sein. Zudem war es sehr eng, denn nach heutiger Meinung der Wissenschaft war vor 13,8 Milliarden Jahren alle Energie und alle Masse[71] des Universums, also alles, was wir heute im Universum sehen oder vorstellen können, in diesem Punkt konzentriert. Auch wenn wir das nicht so richtig begreifen können, waren die Platzverhältnisse mit Sicherheit eher bescheiden. Seit dem Urknall dehnt sich nun das Universum immer schneller aus. Als Vereinfachung können wir gedanklich den folgenden Vergleich machen: Das Universum sei die Oberfläche eines Luftballons. Nicht der Ballon selbst, sondern nur die Oberfläche. Der Ballon sei am Anfang auf die Grösse einer Nadelspitze zusammengeschrumpft. Der ganze Ballon ist also an einem Punkt konzentriert. Dieser Punkt ist logischerweise auch der Mittelpunkt des punktförmigen Ballons. Wir blasen den Ballon auf und seine Oberfläche, das heisst das zweidimensional gedachte Universum, dehnt sich immer mehr aus. Wo ist jetzt der Mittelpunkt auf der Oberfläche? Der Mittelpunkt ist überall, weil der Punkt selbst expandiert.[72] So betrachtet kann man Claudius Ptolemäus[73] nicht vorwerfen, sein geozentrisches Weltbild sei falsch. Die Erde ist tatsächlich im Mittelpunkt des Universums. Aber jeder andere Himmelskörper und jedes andere Lebewesen überall im Universum könnte für sich die gleiche Behauptung herausnehmen, weil sich das Universum

---

[71] Albert Einstein: E=mc2 bedeutet, dass Energie und Masse kongruent sind

[72] Brian Clegg: Vor dem Urknal Rowohlt Verlag ISB 978-3-498-00939-7

[73] Spektrum Akademischer Verlag, Heidelberg Lexikon der Physik www.spektrum.de/lexikon/physik/ptolemaeus/11739

von jedem Punkt aus in alle Richtungen gleich aus-
dehnt.[74]

Das heisst, der Mittelpunkt des Universums ist
überall und man kann den Urknall nicht erleben.

> *Ausser den Urknall bei der Luzerner Fast-*
> *nacht.*

Was ist gemeint mit "Blick in die Ewigkeit"? Wie
weiss man, dass man in die Ewigkeit sieht? Wenn
ich auf einem Berggipfel der Alpen stehe und rundherum nur Nebel und Wolken sind, sehe ich in 50
Metern nur noch Millionen von weissen Wasser-
tröpfchen, die ich im ganzen Leben nicht zählen
könnte. Bei schönem, klarem Wetter sehe ich aber
stahlblauen Himmel, schneeweisse Berge und habe eine schier unendliche Weitsicht. Oder in einer
sternenklaren Winternacht sehe ich über mir Millionen von Sternen und Galaxien, die Millionen von
Lichtjahren entfernt sind. Unlängst entdeckte man
auf Aufnahmen des Weltraumteleskops Hubble[75]
den am weitesten entfernten Stern, der je entdeckt
wurde und nur dank einer Gravitationslinse zu erkennen ist,[76] in einer Distanz von 12,9 Milliarden
Lichtjahren. Wie weit weg ist die Ewigkeit entfernt?
Mittlerweile dürfte "Earendel", wie dieser Stern be-
nannt wurde, höchstwahrscheinlich schon längst
als Supernova explodiert sein. Wie sieht die Ewigkeit aus? Für den einen endet sie nach 50 Metern,
weil der Nebel sich nie auflösen will. Für den anderen ist die Ewigkeit Millionen von Lichtjahren entfernt. Wo hört die Ewigkeit auf?

---

[74] Adalbert W.A. Pauldrach: Dunkle kosmische Energie S.77
      Spektrumm Akademischer Verlag ISBN 978-3-8274-2480-8
[75] NASA National Aeronautics and Space Administration Hub-
      blesite:
      https://hubblesite.org/
[76] Franziska Konitzer: Sterne und Weltall 7/2022:S.24
      Entferntester Stern entdeckt

Einige begegnen einem allwissenden Wesen oder sahen eine göttliche Erscheinung. Wie können sie wissen, ob das Wesen alles weiss? Haben sie sein Wissen getestet? Dann müssten sie ja noch weiser als allwissend sein. Für ein Kind ist der Papa auch allwissend und trotzdem weiss er nicht alles.

Was ist eine göttliche Erscheinung? Es wird auffallend nie von Gott berichtet, sondern immer von einer göttlichen Erscheinung. Die Einwohner in Amerika zur Zeit von Kolumbus sahen in den europäischen Eroberern auch eine göttliche Erscheinung, allerdings mit verheerenden Folgen für ihre Völker.

Ich denke, dass diese Erzählungen sehr einfache Vorstellungen sind und jeder Physiklehrer müsste sich Vorwürfe machen, wenn er sein Wissen nicht nachhaltiger vermittelt hat. Erscheinungen, die zwar wissenschaftlich gut erklärt sind, aber trotzdem nicht verstanden werden, werden oft mit spirituellen Scheinargumenten begründet und für wahr gehalten. Die Beschreibungen sind so oberflächlich, wie wir uns das als Menschen eben am einfachsten erklären können. Dazu werden übersinnliche Argumente, die niemand wissenschaftlich widerlegen kann, als dankbare Beweismittel angeführt.

Ich denke, die erlebten Erfahrungen sind eine Reaktion des funktionierenden, aber vorübergehend äusserst gestressten Bewusstseins in einer aussichtslosen Lage. Zweifellos erkennt das Bewusstsein die bedeutsame Situation: Jetzt bahnt sich etwas Ausserordentliches und Endgültiges an. Der Körper geht in Alarmbereitschaft, weil seine Existenz bedroht ist und die Seele in Aufbruchstimmung, weil sie sich vom unvollkommenen Körper trennen darf. In solchen Grenzsituationen und Gegensätzen kann das Bewusstsein wohl als Reaktion, als Gegenmassnahme, oder vielleicht als eine

Art Droge, eine Situation vorgaukeln, wie sie sich der Mensch nach dem Tod am liebsten wünscht: Es ist alles sehr schön, farbig, hell und freundlich. Alle sind fröhlich, überglücklich, ohne Schmerzen und ohne Sorgen. Man wird von allen geliebt. Es könnte nicht schöner sein.
"Also nur keine Panik!"

Man muss nur irgendwie Einlass durch das Tor erhalten, um in diese überglückliche Region zu kommen. Ist ja logisch, Ordnung muss sein, sonst käme ja jeder einmal schnell vorbei, um reinzu schauen. Und wie kommt man dorthin? Am einfachsten indem man fliegen kann. So ein wenig herum schweben ist das absolute Frei-sein-Gefühl und seit Ikarus der Traum der ganzen Menschheit.

Vom Absturz in den Alpen

Es gibt auch viele Berichte von Personen, die ihre Erlebnisse erzählten, ohne esoterische Schlussfolgerungen zu suchen. Im 19. Jahrhundert sammelte Dr. Albert Heim, Alpinist und Professor für Geologie an der ETH Zürich,[77] während 25 Jahren viele Berichte von Personen, die mit knapper Not dem Tode entronnen sind. In seinem beeindruckenden Vortrag "Notizen über den Tod durch Absturz"[78] berichtet er nicht nur über viele abgestürzte Alpinisten, sondern auch von beinahe ertrunkenen Fischern, verunglückten Bergwerkleuten oder Bahnarbeitern. Auch der Bericht eines Theologiestudenten, der kurz zuvor das Eisenbahnunglück von Münchenstein am 14. Juni 1891 überlebte, fügte er bei. Die meisten der Verunfallten erlebten gleiche

---

[77] ETH Zürich, ETH-Bibliothek: https://library.ethz.ch/standorte-und-medien/plattformen/kurzportraets/albert-heim--1849-1937-.html

[78] Der Vortrag findet sich im Jahrbuch des Schweizer Alpenclubs 1891/92, S. 327–337: https://doi.org/10.3931/e-rara-22171

Wahrnehmungen und Gefühle, wie zuvor geschildert, auf ihre persönliche Art und Intensität. Albert Heim erzählt auch von seinem eigenen Absturz 1871 im Alpsteingebiet zwischen Säntis und Fehlalp. Alles war schön, ohne Schmerz, nur Ruhe und Liebe:

> *Mehr und mehr umgab mich ein herrlich blauer Himmel mit rosigen und violetten Wölklein. Ich schwebte in denselben hinaus, während ich sah, dass ich nun frei durch die Luft flog und dass unter mir noch ein Schneefeld folgte. Objektives Beobachten, Denken und subjektives Fühlen gingen gleichzeitig nebeneinander vor sich. Dann hörte ich mein dumpfes Aufschlagen, und mein Sturz war zu Ende.*

Er schreibt, dass er die schönen Vorstellungen nur empfand, solange er noch bewusst durch die Luft flog und sehen und denken konnte. Er schreibt nichts von einem himmlischen Trip ins Jenseits. Mit der Bewusstlosigkeit nach dem Aufschlagen waren die Erscheinungen plötzlich weggewischt.

Auch ein Clubgenosse, zufällig ein Namensvetter von mir, der rücklings vom Gipfel des Kärpf im Glarnerland fiel, berichtet, wie er

> *…schwebend auf die angenehmste Weise bei vollstem Bewusstsein nach unten getragen wurde.*

Erst der Anprall auf dem schneebedeckten Felsband nahm ihm das Bewusstsein. Dabei musste ich unweigerlich an die Legende des kleinen Knaben denken, der Ende des 14. Jh. in Mariastein vom hohen Felsen fiel und von einer Frau erzählte, die ihn schwebend nach unten getragen habe.

Albert Heim beruhigte seine Clubmitglieder in seinem Vortrag mit dem Schluss, dass der Tod bei einem Absturz „subjektiv ein schöner Tod sei". Seine Berichte sind aus dem 19. Jahrhundert, wo der Begriff "Nahtod" noch nicht erfunden war und niemand im Zentrum des Universums in die Ewigkeit blicken wollte. Es waren naturverbundene Leute, die einen schrecklichen Unfall überlebten und ohne Wellblechröhre aus der Bewusstlosigkeit wieder erwachten. Keiner der vielen Personen musste sich mit übersinnlichen und esoterischen Phrasen hervortun. Sie sind einfach, Gott sei gedankt, mit knapper Not dem Tode entronnen, weil sie "oben noch nicht angemeldet waren".[79] Albert Heim hatte die gleiche Meinung wie die Medizin 100 Jahre später, dass es für das Erleben der beschriebenen Eindrücke ein funktionierendes Gehirn braucht. Es hatte ihm niemand berichtet, dass er gestorben und wieder zurückgekommen war.

Der Vortrag von Dr. Heim ist sehr eindrucksvoll. Er bestärkt mich in meiner Skepsis, dass für Nahtoderlebnisse keine übersinnlichen Ursachen konstruiert werden müssen. Der Mensch ist eben erst gestorben, wenn er tot ist. Diese Einsicht veranlasste mich, intensiver nach wissenschaftlichen Berichten und Studien zu suchen, wie ich im nächsten Kapitel aufzeige.

Von Wissenschaft und Archetypen

Die moderne Wissenschaft beschäftigt sich erst seit Anfang des letzten Jahrhunderts systematisch mit diesen Phänomenen. Sie kann aber, entgegen meiner zugegebenermassen manchmal ziemlich individuellen Logik, die Ursachen der meisten Nahtoderfahrungen ganz vernünftig beurteilen und er-

---

[79] siehe Kapitel 'Sepsis'

klären. Der eigentliche Impuls für eine methodi-
sche Forschung erfolgte durch das Buch des ame-
rikanischen Psychiaters Raymond Moody mit dem
Titel „Life after Life" im Jahr 1975.[80] Er sammelte
und analysierte zahlreiche Berichte und prägte den
Begriff „Near-Death Experiences" Die charakteristischen Phänomene galten lange Zeit als Richt-
schnur für die empirische Forschung.

Near-Death Experience Scale

Es gibt so viele Beschreibungen und Berichte,
dass der Nahtod scheinbar gar nicht ein so ausser-
gewöhnliches Erlebnis ist. Im National Library of
Medicine[81] lese ich, dass Nahtoderfahrungen von
etwa 17 % der Patienten, die beinahe gestorben
sind, berichtet werden. Bis heute gibt es trotzdem
noch keine einheitliche Definition von Nahtoderfahrungen. Es gibt lediglich eine Sammlung über eine
Vielzahl von Merkmalen. Es wird auch versucht,
durch eine qualitative Bewertung der gemeldeten
Erscheinungen mit Hilfe der "Near-Death Experience Scale"[82] von Bruce Greyson die Authentizität
eines Nahtoderlebnisses festzustellen. Diese Methode scheint mir allerdings etwas zu starr, zumal
die Skala aus dem Jahr 1983 nur marginal überar-
beitet wurde, obwohl die Nahtodforschung seither
ein unüberschaubares Ausmass angenommen hat
und in unzähligen Artikeln darüber gestritten wird,
wie man die Skala richtig anwenden soll.

---

[80] The official website of Dr. Raymond:
www.lifeafterlife.com
[81] Jeffrey Long National Library of Medicine Sept-Ort 2014
Near-Death Experiences Evidence for Their Reality:
www.ncbi.nlm.nih.gov/pmc/articles/PMC6172100
[82] The Journal of Nevrous and Mental Disease 1983, 022-
3018/83/1716-0369$02.00/0 The Near-Death Experience
Scale:
https://med.virginia.edu/perceptual-studies/wp-con-
tent/uploads/sites/360/2017/01/NDE8.pdf

Natürliche Auslöser

Die meisten Berichte, die ich gelesen habe, stellen den Nahtod als ein Sterbeerlebnis dar. Ein Vorgang, der sich auf oder sogar über der Grenze von Leben und Tod abspielt. Es gibt auch Erzählungen, die von übersinnlichen Erfahrungen, weit weg vom irdischen Leben im Jenseits, berichten. Man ist also gestorben und kommt kurze Zeit danach, aus welchen Gründen auch immer, wieder ins Leben zurück. Doch Hirnforscher finden keinen Hinweis, dass Nahtoderfahrungen übersinnliche Erlebnisse sein könnten. Denn es gibt zahlreiche belegte "natürliche" Auslöser dafür, wie solche Erfahrungen ohne wirklich zu sterben erlebt werden können. Zum Beispiel operative Zwischenfälle, neurologische Erkrankungen, kardiologische Komplikationen, Suizidversuche oder sogar bei Meditationen.

Messungen der Gehirnaktivitäten von Sterbenden haben gezeigt, dass das Gehirn kurze Zeit nach dem Herzstillstand ein letztes Mal einen starken Anstieg an Aktivität aufweist. Dies konnte Jimo Borjigin von der Universität Michigan auch experimentell an Ratten nachweisen.[83] In der kurzen Zeit von einigen bis mehreren Sekunden soll es zu den beschriebenen Erscheinungen kommen können.

Der britische Neurologe Oliver Sacks berichtet in seinem Buch "Der einarmige Pianist"[84] auch von Personen, welche Nahtoderlebnisse erfahren haben. Er macht aber einen expliziten Unterschied zwischen "ausserkörperlichen Erfahrungen" und "Nahtoderfahrungen".

---

[83] Jimo Borjigin *Proceedings of the National Academy of Sciences* Aug. 27, 2013: Surge of neurophysiological coherence and connectivity in the dying brain: https://doi.org/10.1073/pnas.1308285110

[84] Oliver Sacks "Der einarmige Pianist" Über Musik und das Gehirn, Rowohlt Verlag GmbH, ISBN 978 3 498 06376 4

Ausserkörperliche Erfahrungen

Oliver Sacks sieht ausserkörperliche Erfahrungen als Wahrnehmungstäuschung, die infolge einer Funktionsstörungen in der Grosshirnrinde entstehen. Die Grosshirnrinde[85] ist die äusserste Schicht des Gehirns und dient höheren Funktionen wie z.B. Verarbeitung von Sinneswahrnehmungen, Sehen, Lesen, Hören, Sprechen, Planung und Ausführung von Willkürbewegungen, Bewusstsein, komplexem Denken, Persönlichkeit, etc. Das Gehirn hat den grössten Energiebedarf aller Organe. Es benötigt etwa 20 % der gesamten Blutmenge des Körperkreislaufs.

Wenn nun das Gehirn zu wenig Sauerstoff bekommt, kann es nicht mehr richtig funktionieren. So kann z.B. das Gleichgewicht oder das Lokalisieren des eigenen Körpers im Raum gestört werden. Der Körper kann sich nicht mehr spüren und fühlt sich irgendwo undefiniert im Raum. Von solchen ausserkörperlichen Erfahrungen wird schon seit Jahrhunderten berichtet.[86] In klinischen Behandlungen wird dies beispielsweise auch ohne dass ein Sterben beobachtet werden kann, bei Schlaganfall, Epilepsie oder Drogenmissbrauch beobachtet.[87] Bei Sauerstoffmangel können auch Lichtvisionen mit intensiver Helligkeit entstehen, obwohl gar kein Licht da ist. In ihrem Buch "The Neurology of Consciousness" beschreiben die drei Neurologen Steven Laureys und Olivia Gosseries aus Bel-

---

[85] Spektrum Lexikon der Neurowissenschaft, Grosshirnrinde: https://www.spektrum.de/lexikon/neurowissenschaft/grosshirnrinde/5010
[86] Netzwerk Nahtoderfahrung e.V. : www-netzwerk-nahtoderfahrung.org
[87] Theodor Schaarschmidt: Spektrum der Wissenschaft Heidelberg Auf der Schwelle zum Tod: www.spektrum.de/news/was-passiert-im-sterben-wirklich/1426257

gien, sowie Giulio Tononi aus Italien, dass mit künstlich erzeugten Ohnmachtsanfällen durch Sauerstoffmangel im Gehirn bei gesunden Versuchspersonen ebenfalls nahtodartige Erlebnisse, wie ausserkörperliche Erfahrungen und Lichterscheinungen ausgelöst werden können.[88] Sogar ohne Sauerstoffmangel konnte Henrik Ehrsson vom Karolinska Institut Stockholm das Phänomen der ausserkörperlichen Erfahrungen vor wenigen Jahren bei gesunden Freiwilligen experimentell, allein durch Sinnestäuschung, generieren.[89]

Nahtoderfahrung

Unter Nahtoderfahrungen versteht Oliver Sacks die Erlebnisse, Eindrücke, Empfindungen und übernatürlichen Erscheinungen wie Tunnelerlebnis, Abschied von irdischen Dingen, Ereignisse des Lebens, Gefühl der Ekstase, Freude und Ruhe. Diese Erlebnisse besitzen immer Kennzeichen einer mystischen Erfahrung.

Mystisch

Die Bezeichnung mystisch wird oft für etwas verwendet, das als vage, weit hergeholt und sentimental gilt und weder auf Fakten noch auf Logik basiert.
William James, amerikanischer Psychologe und Philosoph an der Harvard University, sieht das Wort in einem anderen Kontext und spricht in sei-

---

[88] The Neurology of Consciousness 2016:
      ISBN 978-0-12-800948-2 Chapter 20
      http://dx.doi.org/10.1016/B978-0-12-800948-2.00020-0
[89] Sciencs in School: Außerkörperliche Erfahrungen entdecken: Interview mit Henrik Ehrsson
      www.scienceinschool.org/de/article/2016/ehrsson-de/

nen Vorlesungen XVI und XVII über Mystik[90] von der Realität der mystischen Bewusstseinszustände und der überragenden Bedeutung ihrer Funktion.

Die zwei charakteristischen Merkmale sind:

- Mystische Geisteszustände können nicht in angemessener Form anderen kommuniziert werden. Sie ähneln eher Gefühlszuständen als Geisteszuständen. Niemand kann einem anderen, der nie ein bestimmtes Gefühl hatte, klar machen, worin dieses Gefühls besteht. Man muss musikalische Ohren haben, um den Wert einer Symphonie zu kennen. Man muss selbst verliebt gewesen sein, um das Verliebtsein zu verstehen. Wenn uns aber Herz oder Ohr fehlen, können wir den Musiker oder den Liebenden nicht richtig interpretieren und halten ihn wahrscheinlich sogar für schwachsinnig oder absurd.

- Mystische Zustände sind für jene, die sie erleben, eine Einsicht in die Tiefen der Wahrheit. Sie sind Erleuchtungen, Offenbarungen voller Bedeutung und Wichtigkeit, obwohl sie nicht richtig erklärbar sind.

Bei allen Berichten und Untersuchungen über Nahtoderfahrungen fehlt mir allerdings jeweils die Aussage, wie intensiv sich die Personen vorher mit dem Thema Sterben und dem Danach befasst haben. Je nachdem, wie man diese Themen bewusst verarbeitet oder auch unbewusst konsumiert hat, wird sich die Reaktion in einer Grenzsituation verschieden auswirken. Ich denke, dass der Mensch die Vorstellung vom Sterben tief verwurzelt in sich

---

[90] The Varieties of Religious Experience, A Study in Human Nature by William James, eBooks@Adelaide http://ebooks.adelaide.edu.au/j/james/william/varieties/complete.html

trägt, eine Art globales Erbe, weil der Vorgang seit Jahrtausenden von Religionen und Gesellschaften immer wieder gleich vorgesagt wurde: Ein Aufsteigen aus der Welt der Lebenden in den leuchtenden Himmel. Es ist seit jeher die Wunschvorstellung, dass die guten Menschen aus dem mühsamen Leben auf der Erde in eine unbeschwerte Welt wechseln können, sonst hätten die Bemühungen, als guter Mensch zu leben, gar keinen Sinn. Viele Religionen und Kulturen berichten von feurigen, lichtumfluteten Himmelfahrten. Es ist keine neue Erfindung von Evangelist Lukas, wenn er 60 Jahre n. Chr. beschreibt, dass Jesus in den Himmel aufgestiegen ist.[91] Er ist übrigens der einzige Evangelist, der davon berichtet. Schon im Tanach des Judentums, im 2. Buch der Könige, wird über den Propheten Elias berichtet, wie er in einem feurigen Wagen zum Himmel aufgefahren sei.[92] Im Islam gibt es die Überlieferung, der Prophet Mohammed sei in den Himmel aufgestiegen. Die Aufnahme in den Himmel kannten alle Religionen, sowohl in Europa, Asien, Afrika als auch in Amerika. Solche Bilder sind über Generationen in unserem Unterbewusstsein verankert. Sie kommen in einer Grenzsituation plötzlich wieder hervor mit der Überzeugung, dass es so sein muss. Ob diese Erzählungen in den alten Schriften wirklich der Tatsache entsprachen, oder im übertragenen Sinn zu verstehen sind, wird nie erklärt. Es fällt auf, dass nur religiöse Führer derart spektakulär ins ewige Leben gefahren sind. Ich denke, die damaligen Chronisten wollten dadurch vor allem die Wichtigkeit und Integrität dieser Personen hervorheben und gleichzeitig kommunizieren, dass die braven Menschen, seien sie auch noch so arm, krank oder

---

[91] Die Heilige Schrift, Übersetzt von Rupert Storr, Matthias-Grünewald-Verlag Mainz: Lukas 24,51
[92] Die Heilige Schrift, Übersetzt von Paul Riessler, Matthias-Grünewald-Verlag Mainz:Zweites Buch der Könige 4,11

leidend, einmal von allem Übel erlöst, ebenso in eine bessere Zukunft fahren dürfen. Wohin denn sonst, als irgendwo in den unbeschränkt weiten Himmel über uns, wo für alle genügend Platz vorhanden sein müsste?

Der Neurologe Oliver Sacks beschreibt in seinem Buch diese Empfindungen, die ich als meine individuellen Überlegungen dargestellt habe, im wissenschaftlichen Kontext als eine archetypische Symbolik von Tod und Verwandlung

Archetypen

Der Schweizer Psychoanalytiker Carl Gustav Jung definiert Archetypen[93] als angeborene, universale Urvorstellungen, die seit Urzeiten allen Menschen gemeinsam sind. Sie sind als als geistige Erbmasse der Menschheit im kollektiven Unbewussten[94] enthalten, welches Wissen und Erfahrung der gesamten Menschheit beinhaltet. Er bezieht sich auf die Idee, dass ein Teil des tiefsten Unterbewusstseins genetisch vererbt und nicht durch persönliche Erfahrungen geprägt ist. Tief verwurzelte Überzeugungen und elementare menschliche Erfahrungen wie Geburt, Mutterschaft, Trennung oder Tod haben für C.G.Jung in der Seele des Menschen eine archetypische Verankerung. Jung war überzeugt, dass diese Erfahrungen zu allen Zeiten und in allen Kulturen ähnliche Bilder hervorgebracht haben.

---

[93] Lexikon der Psychologie Spektrum.de
https://www.spektrum.de/lexikon/psychologie/archetypen/1354

[94] Lexikon der Psychologie Spektrum.de
https://www.spektrum.de/lexikon/psychologie/kollektives-unbewusstes/7952

Trügerisches Gedächtnis

Es besteht jedoch die Gefahr, dass sich Erinnerungen verändern, denn wir sehen nur das, was unsere Erinnerungen zulassen und wissen oft nicht, was wir wirklich real erlebt haben.

Dr. Julia Shaw machte sich als Rechtspsychologin Gedanken über Aussagen, die sich nachträglich als falsch herausstellten, obwohl die Zeugen von der Wahrheit ihrer Auskunft absolut überzeugt waren. Sie hat derartige Beispiele untersucht und in ihrem Buch "Das trügerische Gedächtnis"[95] aufgezeigt, wie das Gehirn Erinnerungen fälschen kann, ohne dass dies von der betroffenen Person bemerkt wird.

> *Jedes Ereignis, wie wichtig, emotional aufgeladen oder traumatisch es auch erscheinen mag, kann vergessen oder falsch erinnert werden oder sogar vollkommen fiktiv sein.*

Solche Erinnerungsfehler kommen nicht nur bei kranken Menschen vor, zum Beispiel bei Alzheimer oder Hirnverletzungen, sondern:

> *Vielmehr sind Erinnerungsfehler die Norm, nicht die Ausnahme.*

Oft vermischen wir in unseren Erinnerungen das, was passiert ist, mit dem, was wir uns gewünscht haben, oder was wir uns vorstellen, wie es hätte sein können. Das Erinnern an Erfahrungen und Ereignisse, die gar nie stattgefunden haben, wird Konfabulation genannt. Andererseits können wir auch zum Beispiel eine Erzählung unserer Mutter über unsere früheste Kindheit nach der Geburt als eigene Erinnerung aneignen, obwohl das Gehirn in

---

[95] Dr. Julia Shaw: "Das trügerische Gedächtnis" Wie unser Gehirn Erinnerungen fälscht   ISBN 978-3-453-60448-3

diesem Alter physiologisch gar nicht in der Lage war, Langzeiterinnerungen zu speichern. Wir vergessen die Quelle der Information und pflanzen das Ereignis in unsere eigene Erinnerung ein, was Quellenverwechslung genannt wird. Dr. Shaw beschreibt viele Beispiele von Konfabulation und Quellenverwechslung oder beides im Doppelpack. Es ist schwer, Scheinerinnerungen von echten Gedächtnisinhalten zu unterscheiden. Sie erzeugen ähnliche Gefühle und sollen sogar Symptome einer posttraumatischen Belastungsstörung auslösen können.

Als logische Folge können solche Erinnerungsfehler auch mit Empfindungen, Visionen und Archetypen, wie bei Sacks und Jung beschrieben, stattfinden.

Alle diese Recherchen bestärken mich in meiner Skepsis, dass ein Nahtod kein Sterben ist und nicht bedeutet, dass man so probehalber ein wenig gestorben ist, sondern, wie es das Wort sagt, "nur" sehr nahe am Tod war. Trotzdem erleben die Betroffenen, wie Dr. Shaw in ihrem Buch erzählt, das Geschehene als reales und sehr eindrückliches Ereignis. Nur in Ausnahmefällen, etwa wenn objektive Fakten das Gegenteil belegen, lassen sie sich eindeutig als falsch enttarnen.

Sterben

Vor meinem Erlebnis mit der Sepsis dachte ich kaum über meinen eigenen Tod nach. Beruflich und privat hatte ich zwar vorgesorgt, dass das Leben in meinem Umfeld auch ohne mich weitergehen sollte. Aber die Möglichkeit, dass dies auch wirklich unerwartet eintreffen könnte, habe ich lieber auf die Seite geschoben. Heute mache ich mir allerdings ungewohnt oft Gedanken über das Sterben und das Leben danach.

Das Sterben ist für jeden zweifelsfrei eine äusserst extreme Situation, die man nicht vorgängig ein wenig ausprobieren oder einüben kann. Jeder möchte wissen, wie Sterben geht und was ihn danach erwartet. Seit es Menschen gibt, werden Vermutungen, Visionen, Geschichten und Erlebnisse darüber erzählt, gemalt, geschrieben und untersucht. Es gibt so viele Berichte, dass man meinen müsste, es wäre ja alles klar. Dabei fällt auf, dass oft ähnliche Erlebnisse dargestellt werden. Vielleicht sind die bereits erzählten Merkmale so etabliert, dass sich niemand mehr getraut, andere, auf eine eigene Art erlebte Erfahrungen nahe am Tod zu schildern, weil sie bei der oben erwähnten Near-Death Experience Scale von Bruce Greyson sowieso durchfallen würden. Dagegen bin ich überzeugt, dass jeder Mensch das Sterben individuell, auf seine ganz persönliche Art erleben wird. Doch was danach kommt, können wir mit unseren bescheidenen, menschlichen Gedanken und Vermutungen nicht erfassen. Es muss etwas ganz anderes, Universales, für das ganze Universum gültiges sein, wie ich im nächsten Kapitel beschreibe.

Wenn jemand ein schönes oder ein unangenehmes, schmerzvolles Sterben erlebt, ist es der Mensch vor dem Tod, der diese Gefühle hat, weil er vielleicht Schmerzen oder Angst vor der Ungewissheit hat. Warum soll allerdings der Mensch nach dem Tod immer noch wie ein Mensch fühlen, sehen und denken? Der Mensch ist nach dem Tod eben tot und nicht mehr Mensch. Wenn etwas danach noch bestehen soll, kann es nicht eine biologische Materie sein. Dann ist es etwas anderes, was in den meisten Kulturen als Seele oder ähnlich bezeichnet wird. Überall glauben die Menschen an ein Weiterbestehen der vollkommenen Seele. Aber es kann doch nicht sein, dass wir unsere Lieben zurücklassen und zusehen müssen, wie sie traurig sind. Wir möchten ihnen helfen und zurufen, sie sollen nicht traurig sein, aber sie hören dies nicht. Dabei wird man selbst traurig, weil man sie in dieser Verfassung verlassen muss. Wohl soll man in eine freundliche, schöne, farbige Welt kommen. Aber dort muss man dann warten, bis die Lieben nachkommen. Man muss zuschauen, wie sie krank werden und leiden müssen oder beobachten, wie schon wieder ein Krieg ausgebrochen ist. Wie lange soll man warten müssen, 20, 30, 50 Jahre?

Soll das etwa der glückselige Himmel sein?

Gott und ewiges Leben

Dass es eine Existenz des Menschen nach dem Tode gibt, kann heute wohl niemand mehr ernsthaft bezweifeln. Sogar renommierte Naturwissenschaftler, die nichts mit Religion zu tun haben wollen, vertreten die Auffassung, dass der Mensch aus vergänglichem Körper und unsterblicher Seele bzw. Geist bestehe. In der international bedeutenden medizinischen Zeitschrift "The Lancet" erschien 2001 ein aufsehenerregender Artikel[96] über eine Studie an 344 Patienten, die nach einem Herzstillstand erfolgreich wiederbelebt wurden. Darin veröffentlichte der Kardiologe Dr. Pim van Lommel[97] u.a. seine These, dass das Bewusstsein nach dem Tod nicht aufhört zu existieren. Es besteht weiter und ist unabhängig von Gehirnfunktionen. Er schreibt am Ende des Kapitels "Discussion":

Wie könnte ein klares Bewusstsein ausserhalb des eigenen Körpers in dem Moment erfahren werden, in dem das Gehirn während einer Phase des klinischen Todes mit flachem EEG[98] nicht mehr funktioniert?

Wenn der Patient sich in einem tiefen Koma befindet, sind die Gehirnfunktionen ernsthaft beeinträchtigt. Dann könnten komplexe Erfahrungen gar nicht auftreten. Das Bewusstsein ist nicht direkt nachweisbar. Es hat seinen Ursprung in einer unsichtbaren Dimension jenseits von Zeit und Raum.

---

[96] The Lancet,Vol. 358, No. 9298, p2039–2045, Published: December 15, 2001
https://www.thelancet.com/pdfs/journals/lancet/PIIS0140-6736(01)07100-8.pdf

[97] Biographie Pim van Lommel:
https://pimvanlommel.nl/de/pim-van-lommel/

[98] EEG: Elektroenzephalographie = Hirnstrommessung

Schon Platon soll vor 2000 Jahren geschrieben haben:
"Der zeitlich begrenzte Körper ist der zeitlich begrenzte Träger unserer unsterblichen Seele."

Es gibt aber auch andere Wissenschaftler, die der Meinung sind, dass eine Dualität, d.h. die Trennung von Körper und Geist, nicht mit der heutigen Medizin vereinbar ist. Allerdings hat schon René Descartes vor 400 Jahren den Menschen als duales Wesen mit Körper und Geist bezeichnet.[99] Vom ihm kommt übrigens auch der Satz: cogito ergo sum, was ich übersetze mit: Ich denke, also bin ich.

Aha, ich kann also doch lateinisch. Das muss ich unbedingt meinem ehemaligen Lateinlehrer erzählen.[100]

Dass sich der Geist oder das Bewusstsein nach dem Absterben des Körpers irgendwo befinden und weiterleben soll, sei gemäss diesen Wissenschaftlern unmöglich. Ich denke, sie messen dem Bewusstsein fälschlicherweise eine biologische Beschaffenheit zu und setzen es mit der Seele gleich. Für mich muss die Seele aber etwas ganz anderes sein als nur Bewusstsein. Was wäre, wenn ein Boxer durch einen KO-Schlag sein Bewusstsein verliert? Hat er danach auch seine Seele verloren? Wenn die Seele nach dem Tod ewig weiterleben soll, kann sie nicht aus dem gleichen biologischen Stoff, wie der menschliche Körper sein. Das ist eine ganz andere Dimension, die wir mit unseren bescheidenen Fähigkeiten überhaupt nicht erfassen können.

---

[99] dasGehirn.info
www.dasgehirn.info/entdecken/meilensteine/rene-descartes-vater-der-leib-seele-theorie
[100] Siehe Kapitel 'Klavier verboten'

Wir können auch nicht erfassen, wie das "Leben" nach dem Tod sein wird. Es wird sicher nicht ähnlich unserem menschlichen Leben sein, das durch die Evolution an diese Erde angepasst ist und nur für diese Erde geeignet ist. Angesichts der neuesten Entdeckungen von Exoplaneten in unserer Galaxis und der Kenntnis von Milliarden anderer Galaxien, mit Millionen von Sternen mit Tausenden bewohnbaren Planeten, wird wohl niemand mehr ernsthaft behaupten, dass wir Menschen weder heute, noch in der Vergangenheit oder Zukunft die einzige Zivilisation im Universum seien. Sollen sich alle anderen Lebewesen, die durch eine komplett andere Evolution für eine komplett andere Natur entstanden sind, unseren egoistischen Vorstellungen anpassen müssen? Wer will so anmassend sein oder so überheblich denken?

Die Therapeutin fragte mich einmal, ob der Nahtod in mir aus religiöser Sicht etwas verändert habe. Ich selbst konnte schon lesen, dass es Leute gibt, die sich danach übermässig und extrem mit Glauben, Gott und ewigem Leben beschäftigt haben und dadurch in eine wirklichkeitsfremde Gedankenwelt abgetaucht sind. Ich habe mir keine solchen Gedanken gemacht. Vielleicht deshalb, weil ich damals nicht realisiert habe, was passiert ist. Heute mache ich mir allerdings Gedanken, warum ich mir nie Gedanken gemacht habe. Beim Bearbeiten dieses Themas kann ich zwangsläufig nicht nur Tod, Sterben oder Nicht-Sterben betrachten. Ich mache mir auch ungewohnt viele Gedanken über das Danach, Seele, Himmel und Ewigkeit. Ich bin von der Existenz eines Gottes überzeugt. Aber so, wie wir nicht erfassen können, wie es nach unserem Tod sein wird, so können wir erst recht auch Gott nicht erfassen. Für mich ist er einfach immer präsent, ich habe aber nicht das Bedürfnis, ihn mir irgendwie als menschenähnlich vorzustellen.

Es gibt Mathematiker, die versuchten, die Existenz Gottes mathematisch zu beweisen: zum Beispiel René Descartes im 17. Jahrhundert, Wilhelm Leibniz im 18. Jahrhundert oder Kurt Gödel im 20. Jahrhundert. Die Beweisführung von Gödel wurde sogar vor wenigen Jahren mit leistungsstarken Computern als korrekt bestätigt.[101] Wie oft in einem wissenschaftlichen Beweis, wird von einer Annahme ausgegangen, die dann in der Beweisführung bestätigt oder verworfen wird. Ob die Annahmen von Gödel aber berechtigt sind, konnte noch nicht bewiesen werden. Auch Blaise Pascal, aus dem 17. Jahrhundert, bekannt durch seine mechanische Rechenmaschine und das Pascaldreieck,[102] versuchte, Gott auf logische Art zu beweisen. Dabei musste er nach einem umfangreichen Diskurs feststellen, dass Gott nicht bewiesen werden kann. Dafür kam er auf Grundlage der damals allgemein gültigen Überzeugung, dass man ins Paradies kommt, wenn man an Gott glaubt und dass man zwingend in die Hölle kommt, wenn man nicht glaubt, zur folgenden logischen Schlussfolgerung:[103]

- *Wenn es keinen Gott gibt, ist es auch egal, ob man an einen Gott glaubt oder nicht. Es passiert nach dem Tod so oder so nichts.*

- *Wenn aber unsicher ist, ob es einen Gott gibt, ist es intelligenter, an Gott zu glauben. Dann landet man bestenfalls im Paradies und, wenn es doch keinen Gott gibt, passiert eben nichts.*

---

[101] Freie Universität Berlin, Gödels „Gottesbeweis" bestätigt
www.fu-berlin.de/presse/informatio-nen/fup/2013/fup_13_308/index.html
[102] Blaise Pascal französischer Methematiker
https://de.wikipedia.org/wiki/Blaise_Pascal
[103] Pascals Gedanken
www.gutenberg.org/files/18269/18269-h/18269-h.htm

- *Glaubt man hingegen nicht an Gott, kommt man auf keinen Fall ins Paradies. Denn, wenn es keinen Gott gibt, passiert bestenfalls zwar auch nichts, aber wenn es dann doch einen Gott gibt, landet man sicher in der Hölle.*

Auch wenn die damaligen überbordenden Darstellungen von Hieronymus Bosch[104] nicht mehr aktuell sind, scheint mir allerdings der Rat von Blaise Pascal auch in der heutigen Zeit immer noch vernünftig, dass es auf jeden Fall intelligenter und sicherer sei, an Gott zu glauben. Denn so wenig wie man beweisen kann, dass es einen Gott gibt, genauso wenig kann bewiesen werden, dass es keinen gibt. Ob, wie oder warum man an Gott glaubt, ist eine rein persönliche Angelegenheit.

---

[104] siehe Kapitel 'Tunnel'

Zeit und Ewigkeit

In diesem Zusammenhang frage ich mich: Was heisst überhaupt ewig? Gibt es eine Ewigkeit? Gibt eine Unendlichkeit? Nehmen wir als Beispiel eine Zahlenreihe: 1, 2, 3,.. und so weiter. Welches ist die letzte, die grösste Zahl der Reihe? Zu jeder Zahl kann man 1 dazuzählen und zu dieser nochmals 1. Das hört nie auf. Immer kann man zur letzten Zahl 1 dazuzählen und erhält eine noch grössere Zahl als die vorherige.

Daraus sehen wir, dass es eine Unendlichkeit in der Zahlenreihe gibt, aber wir wissen nicht, welche Zahl in der Unendlichkeit steht und wie sie aussieht. Daraus kann man aber nicht schliessen, dass die Zahlenreihe nicht unendlich fortgesetzt werden kann, nur weil wir nicht wissen, was diese Unendlichkeit ist.

Was bedeutet in der Ewigkeit "Zeit"? Aus dem Physikunterricht wissen wir, dass die Zeit nur eine Richtung kennt: Vorwärts und nie zurück. Es ist immer so, dass die Kaffeetasse zuerst vom Tisch fällt und erst nachher die Scherben auf dem Boden liegen und nie umgekehrt. Es nützt nichts, wenn wir vorsorglich den Kaffee schon vorher vom Boden aufwischen wollen.

Da kommt mir in den Sinn, dass es wieder einmal Zeit für einen Kaffee ist.

Aber es gibt trotzdem immer eine Vergangenheit und eine Zukunft. Der Mensch kann allerdings als biologisches Wesen weder in die Vergangenheit noch in die Zukunft gelangen. Er ist immer dazwischen im "Jetzt".

Doch was bedeutet überhaupt "Jetzt"? Dieser alltägliche Begriff scheint jetzt allerdings plötzlich etwas konfus zu werden: "Jetzt" gibt es nämlich gar nicht, denn das "Jetzt" ist jetzt schon in der Vergangenheit und ein neues "Jetzt" aus der Zukunft ist da, das jetzt allerdings auch schon wieder in der Vergangenheit ist.
Ehm - Und jetzt? Was machen wir jetzt, wenn es "Jetzt" gar nicht gibt?

Wenn es weder Tag noch Nacht gäbe, könnten wir die "Zeit" überhaupt nicht definieren. Albert Einstein soll gesagt haben: "Zeit ist nur das, was man an der Uhr abliest".[105] Er hatte sich über die Zeit noch viel konfusere Gedanken gemacht: Schon vor mehr als 100 Jahren behauptete er, dass Zeit und Raum je nach Situation verlängert oder verkürzt werden können. Ein Meterstab soll nicht überall gleich lang sein,[106] genauso wie eine Sekunde mal schneller und mal langsamer vergehen kann.[107]

Das habe ich auch schon festgestellt. Je nach dem, ob ich im Supermarkt auf meine Frau warten muss oder im Bau&Hobby neue Werkzeuge ausprobiere.

Diese Phänomene können erst seit kurzem durch entsprechend moderne Messinstrumente bewiesen werden. Sie stellen aber unser Verständnis über die Physik als auch über die Astronomie vollständig auf den Kopf. Erst vor wenigen Jahren haben Wissenschaftler unzählige schwarze Löcher nach-

---

[105] Zitate.net Zitat 3170:
https://zitate.net/zitat?id=3170
[106] Adalbert W.A. Pauldrach: "Dunkle kosmische Energie" Spektrum Akademischer Verlag ISBN 978-3-8274-2480-8: "Längenkontraktion" S.47
[107] Adalbert W.A. Pauldrach: "Dunkle kosmische Energie" Spektrum Akademischer Verlag ISBN 978-3-8274-2480-8: "Zeitdilatation" S.39

gewiesen, die Einstein ebenfalls vorausgesagt hatte. Schwarze Löcher sind zwar alles andere als leere Löcher, sondern Himmelskörper, die auf einem extrem kleinen Volumen eine unvorstellbar grosse Masse von Millionen Sonnen aufweisen.[108] Zum Beispiel das schwarze Loch SgrA*[109] im Zentrum unserer Galaxis hat unvorstellbare 4.3 Mio Sonnenmassen. Kaum ein astronomisches Phänomen wird so mystifiziert wie Schwarze Löcher. Mal sollen sie Reisen zwischen verschiedenen Welten ermöglichen, dann wieder sind sie Ausgeburten der Hölle oder ein mögliches Mittel zum überlichtschnellen Transport. Was die Wissenschaft heute aber sicher weiss ist, dass sie alles im Umkreis befindliche unwiderruflich an sich ziehen und nicht mehr hergeben. Sogar das Licht wird von ihrer immensen Gravitationskraft angezogen, weshalb diese Himmelskörper vollständig schwarz sind und wie ein tiefes Loch im Universum aussehen. Man kann auch berechnen, dass die Zeit auf einer Sonde, oder zum Beispiel in einem Raumschiff, umso langsamer verrinnt, je grösser das Gravitationsfeld ist, in dem sich der Körper bewegt. Sie müsste sogar stillstehen, wenn die Gravitation gross genug ist, wie in unmittelbarer Nähe eines schwarzen Lochs.[110] Wie kann man das verstehen? Wie kann die Zeit stillstehen?

Wir wissen aber auch, dass sich die Zeit ebenso infolge der Geschwindigkeit verändert. So geht eine Sekunde auf der Erdoberfläche schneller vorbei, als eine Sekunde in einem Satelliten, der die

---

[108] Andreas Müller: "Schwarze Löcher" Akademischer Verlag ISBN 978-3-8274-2070-1
[109] Sagitarius A Stern im Sternbild Schütze: www.spektrum.de/news/schwarzes-loch-sagittarius-a-das-bild-unseres-unsichtbaren-monsters/2019883
[110] Andreas Müller: "Was ist Zeit" Spektrum Kompakt 21.03.2016, S.14 "Die Sichtweise der modernen Physik"

Erde umkreist. Nur mit Berücksichtigung dieser beiden Tatsachen ist die Satelliten unterstützte Navigation, die wir alle im Navi benutzen, überhaupt möglich.[111] Die Zeitmessung ist also eine Erfindung der Menschen. Die Zeit verrinnt zwar auch ohne den Menschen, aber wie kann sie dann in der Ewigkeit gemessen werden, wenn es keine Schweizer Uhr mehr gibt? Gibt es in der Ewigkeit überhaupt eine Zeit? Wenn es eine Zeit gibt, muss es auch einen Anfangspunkt geben, von dem aus die Zeit gezählt und definiert werden kann. Dann wäre die Ewigkeit aber nicht mehr ewig, sondern hat irgendwann angefangen. Die Ewigkeit könnte dann nur in eine Richtung ewig sein. Doch dann kommt schon das nächste konfuse Paradoxon: Was war vor dem Anfang?[112] Eine andere Ewigkeit? Die wann angefangen hat und dann aber doch aufgehört hat?

Ewigkeit und Zeit passen mit den besten Bemühungen nicht zusammen. Das heisst, es gibt keine Zeit in der Ewigkeit. Ewigkeit ist zeitlos. Somit muss man auch nicht 10 oder 20 Jahre warten, bis die Lieben nachkommen. Es sind schon alle da. Man ist dann im immerwährenden "Jetzt" und fragt nicht mehr nach der Vergangenheit oder der Zukunft.

Hoffentlich wird das nicht zu langweilig. Vielleicht ist es dann wie in meiner Jugend: Wenn nichts los ist, muss ich selbst dafür sorgen.

---

[111] Andreas Müller: "Was ist Zeit" Spektrum Kompakt
21.03.2016, S.14 "Die Sichtweise der modernen Physik"
[112] Brian Clegg: "Vor dem Urknall" Rowohlt Verlag 2012
ISB 978-3-498-00939-7

Epilog

Ich habe mit meinem Erlebnis gelernt, dass positives Denken, kurz innehalten und sich Zeit geben, um neue Ideen zu fassen und mutig weitermachen in allen Lebenslagen zum guten Gelingen einen grossen Beitrag leisten kann.

Positiv Denken

Die Therapie hat mir sehr geholfen. Ich fühle mich wieder normal, jedenfalls beinahe.
Wer ist schon normal?
Immer wieder gab es Rückschläge und ich dachte, jetzt geht es nicht mehr weiter. Doch dann war es nur wieder ein Mäander, der mit positivem Willen durchschritten werden konnte. Heute denke ich, es war ja alles nur halb so schlimm. Wenn ich meine Erfahrungen nicht hätte und jemand mir mein eigenes Erlebnis erzählen würde, hätte ich "Göschenen-Airolo", wie wir früher sagten, als es noch keinen Gotthard-Basistunnel gab, d.h. zum einen Ohr rein, zum anderen wieder raus. Doch es war tatsächlich plötzlich etwas da, was ich vorher nicht kannte und von dem ich trotz Therapie und Aufarbeitung immer noch nicht ganz loskomme. Wenn sich diese Gefühle langsam und schleichend verstärkt hätten, würde ich denken, das sei das Alter. Doch sie kamen ja plötzlich und ich denke positiv:
"Ich bin ja gar nicht alt, nur etwas früher auf die Welt gekommen."

Seit meiner Teilnahme am Wettbewerb "Stiftung Kreatives Alter" war über ein Jahr vergangen, bis ich überraschend die Meldung bekam, dass meine Arbeit mit einer Anerkennungsurkunde gewürdigt wird. Ich wurde nach Zürich zur Preisverleihung eingeladen. Von den 551 international eingegangenen Wettbewerbsbeiträgen wurden 12 Preise und

20 Anerkennungsurkunden verteilt. Wenn ich dies positiv betrachte, bin ich in den vordersten Rängen platziert! Wie geht das? Da es keine einzelne Rangbewertung gab, kann ich ebenso annehmen, dass meine Arbeit die beste der Urkundenempfänger und somit gleich nach dem 12. Preis auf Platz 13 sein könnte. Von 551 Arbeiten sind also weniger als 3 % aller Teilnehmenden noch besser bewertet worden als ich. Wenn ich dies auf 100 eingegangene Arbeiten reduziere, wie das in Statistiken üblich ist, stehe ich also gemäss ungefähr genauer Rechenschieber-Berechnung bei den drittbesten Teilnehmenden. Das heisst im 3. Rang! Das freut mich natürlich riesig.

Da sieht man, wie positives Denken auch die Denkweise beeinflussen kann!

Sich Zeit geben

Trotz all den positiven Veränderungen ist das Leben nicht einfacher geworden. Daher ist es wichtig, dass ich mich immer wieder mit etwas Sinnvollem beschäftige und nie stehen bleibe. Dies gilt nicht nur im Beruf und in der Freizeit, sondern vor allem auch im Alter. Man muss immer wieder Neues riskieren und ausprobieren, auch wenn das Ergebnis nicht sofort erkennbar ist. Die Begründung "Ich habe keine Zeit, ich müsste mir einmal die Zeit nehmen" ist nur eine Ausrede. Man kann sich die Zeit nicht nehmen. Sie liegt nicht irgendwo herum. Zeit muss man sich selbst geben. Zum Beispiel um ein neues Hobby anzufangen oder ein altes wiederzubeleben. Bei mir ist es natürlich die Musik, wie ich in einem vorherigen Kapitel beschrieben habe. Zwischendurch werde ich auch erfinderisch und gebe mir endlich einmal Zeit, aufzuräumen, alte Fotos zu ordnen oder eben wie jetzt, Erinnerungen aufzuschreiben.

Oft besteht die Möglichkeit, etwas ganz anderes anzufangen, sofern man auch immer offen für Neues ist. Zum Beispiel für Freiwilligenarbeit in Gemeinden, Kirchen oder Vereinen. Auch hier gilt: Die günstige Gelegenheit muss man am Schopf packen, sonst eilt sie unwiderruflich vorbei.

Als Präsident der Orgelbaukommission zeigte ich während verschiedener Besuche beim Orgelbauer unserer neuen Kirchenorgel grosses Interesse für die interessante Technik. Ich lobte seine Fähigkeiten und sagte, dass mir eine solch schöne und exakte Arbeit auch gefallen würde. Ich sagte dies zwar ohne Hintergedanken aber ein paar Tage danach fragte er mich, ob ich Lust hätte, einige Arbeiten bei ihm zu erledigen. Ich hatte schon vieles gebaut, aber bei einem Orgelbauer konnte ich mich noch nie engagieren. Also habe ich nicht lange überlegt und Kairos[113] am Schopf gepackt. Seither fabriziere und montiere ich in der Werkstatt oder zu Hause hunderte Orgelteile auf 1/10 mm genau. Alle Arbeiten in grossen Stückzahlen und höchster Präzision. Das hält mich geistig fit, stärkt meine motorische Geschicklichkeit und trainiert  die Ausdauer sowie die geistige Aufmerksamkeit.

Allerdings muss ich mich manchmal selbst ermahnen, nicht zu viel zu machen. Beim abgedroschenen Spruch der meisten Pensionierten:
"Ich habe keine Zeit. Ich bin pensioniert",
lasse ich ein Wort weg und sage:
"Ich habe Zeit. Ich bin pensioniert".

---

[113] siehe Kapitel 'Zufall oder Glück'

Dabei bin ich glücklich, dass ich mir die Zeit selbst für das einteilen kann, wofür ich mir auch Zeit geben will.

Ich habe einmal gelesen, dass es auch sehr wichtig ist, sich zusätzliche Zeit, Stunden oder Tage zu gönnen, an denen man einfach nichts machen soll, was sicher auch sehr wertvoll ist. Aber für so etwas habe ich allerdings doch keine Zeit.

Hm?
Na ja, daran muss ich noch arbeiten.

Nicht aufgeben

Seit meiner Sepsis bin ich gegenüber Schmerzen viel empfindlicher. Früher achtete ich mich nicht sonderlich darauf, doch heute habe ich oft Angst vor eventuellen Schmerzen, für die es gar keinen Grund gibt. "Der Körper hat ein Schmerzgedächtnis", sagte die Physiotherapeutin oft. Wenn ein Muskel bei einer bestimmten Bewegung immer wieder Schmerzen produziert, spüre man diese Schmerzen auch später noch, wenn man die gleiche Bewegung macht, auch wenn kein Grund mehr vorhanden ist.

Vor einigen Wochen machte ich eine Craniosakral-Therapie[114] bei einer neuen Therapeutin. Ich wollte eigentlich einen Freund anrufen. Dieser war gerade nicht zu Hause und so habe ich längere Zeit mit seiner Frau gesprochen, die vor über einem Jahr einen schweren Autounfall erlitt. Nach mehreren grossen Operationen habe sie sich recht gut erholt. Dabei habe ihr eine Craniosakral-Therapie gegen die starken Schmerzen geholfen. "Kennst du das? Das wäre sicher auch etwas für dich."

---

[114] Berufsverband Cranio Suisse: www.craniosuisse.ch

Ich hatte keine Ahnung, was das religiöses sein könnte. Doch aus den beiden lateinischen Wörtern Cranium = Schädel und Os sacrum = Kreuzbein leite ich ab, dass genau dazwischen mein lädierter Rücken sein könnte.

Aha, mit Latein kann ich also doch etwas anfangen! Was wollte eigentlich der engstirnige Lateinlehrer noch mehr von mir? [115]

In der Hoffnung, meine verbleibenden Nackenschmerzen lindern zu können, bin ich bereit, alles Mögliche auszuprobieren, auch wenn es mein technisch vorbelastetes Gehirn nicht sofort verstehen will.

In der zweiten Therapiestunde hat die Therapeutin meinen Kopf in die Hände genommen. Ich lag auf dem Schragen und spürte, wie sich mein Kopf ganz langsam auf die Seite bewegte. Allerdings stellte ich bald fest, dass er sich gar nicht bewegte. Ich fragte: "Drücken sie meinen Kopf nach rechts?"
"Nein, ich halte nur den Hinterkopf in den Händen, aber ohne ihn zu bewegen."
Nach einer gewissen Zeit fühlte ich, als ob der Kopf, der sich zwar gar nicht bewegt hatte, wieder zurückkäme und sich entspannen würde. Die Therapeutin sagte gleichzeitig:
"Na endlich. Das hat aber lange gedauert. Da muss ein sehr altes Problem vorhanden sein."
Ich erzählte ihr erst danach von meinen langwierigen Nackenschmerzen,[116] die einen so dramatischen Einfluss auf den Verlauf meiner Sepsis genommen hatten.

Am Nachmittag war ich zwei Stunden am PC. Bislang hatte ich nach solchen Arbeiten immer mehr

---

[115] siehe Kapitel 'Klavier verboten'
[116] siehe Kapitel 'Kaffeekasse'

oder weniger Schmerzen im Nacken. Als ich am dritten Tag immer noch keine Schmerzen spürte, wurde es mir etwas rätselhaft. Nachdem ich schon 25 Jahre immer wieder diese heftigen Schmerzen hatte, konnte ich nicht recht glauben, dass das plötzlich vorbei sein sollte.

Das zeigt deutlich: Immer dranbleiben und nie aufgeben. Natürlich muss ich trotzdem vorsichtig sein und kann nicht, wie meine Enkelin im Kinderzirkus, als Trapezkünstler auftreten. Ich mache lieber meine bisherigen Physiotherapie-Übungen.

Die Craniosakral-Therapie hätte sicher nicht alle meine Probleme von Anfang an lösen können. Die vorhergehenden Therapien waren ebenso, jede in ihrem Bereich, sehr wichtig:

- Die Physiotherapeutin, die mich an den 4 mm langen Haaren aufrichten wollte.
- Der Schmerzspezialist mit der Cortisonspritze, der mich fragte, warum ich überhaupt noch hier sei.
- Die Chiropraktikerin, die das Damokles-Skalpell im Schrank versorgen konnte.
- Die Physiotherapeutin, die mit Dry Needling einen Schweizer Käse aus mir machen wollte.
- Die Psychotherapeutin, die meinen Sturzflug aufgefangen hat.

Ohne all diese Personen hätte ich die Long-Sepsis mit den doofen Emotionen und nicht enden wollenden Schmerzen nie überwinden können. Die Craniosakral-Therapie mit dem sanften Druck und der ruhigen Berührung war noch der letzte Schliff, der das Schmerzgedächtnis endgültig gelöscht hat. Nach mehr als 5 Jahren ist nun das Schmerz-Emotionen-Karussell endlich kaputt.

Nahe am Tod

Der Tod ist ein Erlebnis, das unverhofft eintreffen kann und niemand weiss, wie es danach weitergeht. Es ist derart eindrücklich, dass sogar nahe daran sein, den Menschen nachhaltig beeinflusst. Es kann eindrucksvolle Träume und Emotionen erzeugen, die man nicht mehr los wird, oder sogar den Menschen grundlegend verändern. Es gibt Menschen, die danach sehr religiös wurden und ihr Leben als zweite Chance vollständig umkrempelten. Es ist aber deswegen kein Beweis für das ewige Leben oder für die Existenz Gottes, wie dies oft thematisiert wird. Die Überzeugung, ob es einen Gott gibt oder nicht, ist eine persönliche Glaubensfrage, die weder mit wissenschaftlichen, mathematischen, noch logischen Argumenten bewiesen werden kann.[117] Ich bin von der Existenz Gottes überzeugt, brauche ihn mir aber nicht menschenähnlich, in einer Darstellung früherer Generationen, vorzustellen.

Wenn ich trotz meiner hartnäckigen Zweifel dem Tod sehr nahe gekommen bin, habe ich doch erfahren dürfen, dass das Sterben ein absolut normaler Vorgang ist. Die Angst vor dem Tod beruht nur auf der Unsicherheit vor dem Unbekannten. Für den Körper ist dies zwar ungewöhnlich, für die Seele aber ein normales Nach-Hause-Gehen. Ich bin aber trotzdem sehr dankbar, dass ich noch hier bin und Musik machen darf. Wer weiss, ob ich das Saxophon überhaupt hätte mitnehmen können.

---

[117] siehe Kapitel 'Gott und ewiges Leben'

Danke

Ich bin allen sehr dankbar, die mir geholfen haben. Angefangen bei meiner lieben Rita, die im letzten Moment, das heisst *"5 nach 12"*, alles in die richtige Bahn gebracht hat, sonst wäre ich vielleicht selbst in einer Schachtel verpackt worden, sogar in einer "hölzernen Schachtel". Ich denke dankbar an die Krankenpflegerinnen, Ärztinnen, Therapeutinnen, Musikerinnen und an die vielen anderen Personen, die mir geholfen haben. Wieso waren eigentlich immer so viele Leute für mich da? Da fällt mir auf, es waren, mit wenigen Ausnahmen, ausschliesslich Frauen, die mir geholfen haben. Warum eigentlich? Ist dies noch einmal so ein Zufall? Oder etwa wieder eine verdrängte Erfahrung aus der Jugend? Vielleicht könnte ich darüber ein weiteres Kapitel schreiben, doch diese Schachtel habe ich nicht gefunden.